MIS CREENCIAS

A. Einstein

«Mis creencias», publicado en 1984, es un libro que recoge múltiples artículos, notas, conferencias, discursos y reflexiones filosóficas de Albert Einstein, que a veces rozan problemas científicos, pero que en su gran mayoría se refieren a tópicos candentes de su época. Estos trabajos, casi todos breves, aunque sustanciosos, unidos por un hilo conductor, el destino del hombre preservado para fines más nobles que la aniquilación mutua, reflejan las profundas e íntimas conmociones que sacudieron el ánimo del científico en sus últimos años, cuando las nubes de otra conflagración, más cruel que cuantas hubiera soportado la humanidad, se cernían sobre el horizonte político mundial: La segunda guerra mundial y su trágico fin que llevó al uso de la bomba atómica, anticipándole el enorme peligro que amenazaba al planeta y el camino tenebroso en que había desembocado la ciencia.

Albert Einstein

Mis creencias

Título original: *Meine Überzeugungen*
Albert Einstein, escritos de 1939-1952

Prólogo

En este volumen recogemos múltiples artículos, notas, conferencias, discursos y reflexiones filosóficas de Albert Einstein, que a veces rozan problemas científicos, pero que en su gran mayoría se refieren a tópicos candentes de su época, de la cual la nuestra es una continuación.

En ello reside el valor de estos trabajos, casi todos breves, aunque sustanciosos. El célebre físico, que pasará a la historia como uno de los hombres más importantes de su tiempo, inició un nuevo período en el progreso de la ciencia con sus audaces teorías. Ciertamente, si bien su modestia lo haya negado, suyo es el mérito de haber inaugurado la era nuclear, pues fue el pionero de la fisión del átomo, descubrimiento que ha abierto un mundo fascinante y riesgoso para nuestra civilización.

Este mismo hecho convirtió a Einstein, consciente del tremendo poder destructivo que las nuevas armas representaban para todo el orbe, en un decidido defensor de la paz, el desarrollo de la cultura y la igualdad y seguridad de los pueblos. Aparece así la faz del humanista que ante la presencia de un arsenal de horror se entrega a la tarea de luchar con pasión en favor de un pacifismo activo, detrás del cual se advierten las inquietudes del sociólogo y del pedagogo.

En estos escritos, todos los cuales se hallan unidos por un hilo conductor: el destino del hombre, preservado para fines más nobles que la aniquilación mutua, y su preocupación por la vida comunitaria, se descubren las profundas conmociones que sacudieron el ánimo del científico en sus últimos años, cuando las nubes de otra conflagración, más cruel que cuantas haya soportado la humanidad, se cernían sobre el horizonte político mundial. La segunda guerra mundial y su trágico fin que llevó al uso de la bomba atómica le anticiparon el enorme peligro que amenazaba al planeta y el camino tenebroso en que había desembocado la ciencia. El saber al servicio de la muerte, cuando en realidad se lo había concebido siempre como sostén e impulso de la vida.

Si no se reaccionaba con premura ante la grave situación que ponía en manos de los conductores ambiciosos y de la fuerza bruta un poder siniestro que se le había arrancado a la naturaleza, todo el esfuerzo acumulado durante milenios y la estirpe humana misma, podían ser arrasados por las radiaciones de energía que revelaba el átomo insondable.

De allí surgió, en efecto, la rebelión humanista, «la obstinación de un inconformismo incorregible», que en Einstein posee las más variadas manifestaciones de carácter ético más que intelectual. Sus propuestas para mantener la paz a todo trance, sus discusiones respecto a las condiciones nacidas con motivo de la revolución científica monopolizada por el designio belicista tienen en él, sin excepción, un tono dramático. Nada escapa a su perspicaz mirada, aunque no lo vea todo en su conjunto: la instrucción, la cultura, la religión con sus falsos dioses, la mentalidad militarista tan notoria en los EE. UU. de posguerra, el socialismo y el acierto de su planificación, el derrotero peligroso asumido por la ciencia, y una aguda crítica al capitalismo, cuya «anarquía económica es la verdadera fuente de todos los males». Cabe recordar a este respecto las cartas en que polemizó con un grupo de científicos soviéticos, en las que con mesura y sinceridad por ambas partes se discutió, entre otros temas, el proyecto del «gobierno supranacional», que Einstein propugnaba y consideraba uno de sus esquemas para salvar a la humanidad de la hecatombe, si bien sus interlocutores lo rechazaron de plano. Las partes no se entendieron, por supuesto. Sin embargo, el tono de cada postura sirvió para aclarar posiciones dentro de un nivel intelectual de primer plano.

En otros aspectos de su vehemente defensa de la paz creyó el sabio que era indispensable modificar los sistemas de enseñanza, en una referencia directa a los EE. UU. Resultaba el único medio para que la juventud no se habituara a la voz de mando ni aprendiera sólo a competir por objetivos deleznables ni a completar la «carrera de los honores», según se acostumbra en el mundo burgués. Sostenía que por sobre todas las frivolidades y acechanzas de la educación corriente existía un plano ético insustituible, al que había que llegar con humildad y talento. La palabra viva, el ejemplo, la capacidad pedagógica es en este terreno lo esencial. Los libros, que no pueden desecharse, vienen en segundo término, pues no pueden superar jamás la aptitud y la influencia del educador que ha abrevado en las fuentes de la sabiduría.

Einstein fue el auténtico hombre de ciencia que no desdeñaba la fe, mas ésta no se vinculaba con ningún dogma. Una fibra humanista, que recorre como un hálito los diversos escritos aquí ofrecidos, sostenía sus ideas generosas y constructivas, las que por propia confesión, surgían espontáneamente ante el espectáculo de una sociedad —la americana— que parecía empeñarse en destruirlo todo para asegurar el dominio de unos pocos a través del terror. Aceptaba, no obstante, que sus postulados en disciplinas en las que no era especialista —y creyó siempre que el especialista es un ser escindido— eran el producto de un sano empirismo, que nada tenía que ver con ese vocablo como aparece en distintas escuelas filosóficas.

Sin embargo, hay que destacar que el espíritu de este insigne físico mostró preferencia, y ello se comprueba por la lectura de algunas de estas notas, por algunas figuras eminentes del pensamiento y la sabiduría universales. Guardó un profundo afecto por un filósofo de su propia raza, cuyo influjo se hizo notar en su tiempo y mucho después: Spinoza, tan apreciado entre los grandes pensadores alemanes de los siglos XVIII y XIX. Este judío, que se rebeló contra su comunidad, ha dejado una impronta imborrable en las tendencias espiritualistas einstenianas, la que puede rastrearse sin esfuerzo en el artículo en que se ocupa de la religión. Einstein fue un espíritu piadoso si se entiende por religión una fuerza ética, que participa del panteísmo del maestro, y que se opone a la Biblia y a la teología. Quizá el físico se colocó más allá de la ciencia en la búsqueda de la fuente en que se asientan el espíritu, el sentimiento, la emoción que alienta al hombre a esclarecer los dilemas que le plantea la vida individual y el contorno social. Todo ello no significa que haya aceptado la concepción de un dios personal, a través del cual, de acuerdo con su opinión, los sacerdotes han impuesto el miedo y la superstición.

También expresó el científico su simpatía por el Mahatma Gandhi, cuya lucha por el pacifismo de la no violencia le sirvió de paradigma.

Aquí se unían dos actitudes similares fundadas en principios morales que se atrevían a desafiar al mundo de la fuerza ciega y la prepotencia. Esta hermandad en el esfuerzo sigue siendo el signo de nuestra época, sobre la que pende tal vez con mayor intensidad, el peligro denunciado en su momento y la voz de alerta de los cruzados de la paz, que los intereses creados disimulan y disfrazan con el pretexto de la seguridad nacional.

Colocado más allá de lo trivial y de las convenciones que obnubilan la mente de los hombres, Einstein fue la conciencia viva que clamó en el desierto del egoísmo, de la turbia maleza de la diplomacia secreta y los propósitos dominadores de la política mundial. Y asimismo tuvo el coraje civil de acusar a su país de adopción de practicar la doblez y la moderna inquisición y la caza de brujas en la vida interna de la nación y en las relaciones internacionales con su descarada infiltración policial.

Unas líneas que escribió sobre el socialismo ético —que figuran en este volumen— prueban su convicción humanista y la necesidad de ordenar la sociedad dentro de los más rigurosos cánones de justicia e igualdad.

Fue un rebelde convencido de su verdad, aunque esta verdad fuera un anhelo lejano. Su luz espiritual no ha de apagarse porque su bandera no ha sido arriada ni lo será jamás, puesto que hoy es más claro que nunca que la reflexión y la filosofía, como quería Spinoza, son el impulso de la vida y la esperanza.

Recordemos, al pasar, que Einstein había nacido en Ulm, Alemania, en 1879, es decir, durante el primer centenario de la Revolución francesa. Además dicha ciudad es conocida en la historia de la filosofía, pues se halla asociada al nombre de Descartes, quién pasó en ella una temporada. Allí una noche de noviembre de 1629, según la tradición, tuvo éste tres sueños misteriosos, que según algunos intérpretes preanunciaban la unidad de la ciencia sobre una base espiritual. Un hecho fortuito, carente en efecto de explicación plausible, une a dos hombres ilustres en el campo del pensamiento y de la ciencia. Sacar conclusiones sería aventurado. Sólo nos limitamos a subrayar una coincidencia.

A. LLANOS

Mensaje de la cápsula del tiempo

Vivimos una época rica en inteligencias creadoras, cuyas expresiones han de acrecentar considerablemente nuestras vidas. Hoy cruzamos los mares merced a la fuerza desarrollada por el hombre, y empleamos también esa energía para aliviar a la humanidad del trabajo muscular agotador. Aprendimos a volar y somos capaces de enviar mensajes y noticias sin dificultad alguna a los más remotos lugares del mundo, por medio de ondas eléctricas.

No obstante, la producción y distribución de bienes se halla por completo desorganizada, de manera que la mayoría ha de vivir temerosa ante la posibilidad de verse eliminada del ciclo económico, y sufrir así la falta de lo necesario. Además, los habitantes de las distintas naciones se matan entre sí a intervalos regulares, por lo que también, debido a esta causa debe sentir miedo y terror todo el que piense en el futuro. Esta anomalía se debe al hecho de que la inteligencia y el carácter de las masas son muy inferiores a la inteligencia y al carácter de los pocos que producen algo valioso para la comunidad. Confío en que la posteridad lea estas afirmaciones con un sentido de justicia y la necesidad de un cambio en la situación.

(1939)

La teoría del conocimiento de Bertrand Russell

En el instante en que el compilador de este volumen me solicitó que escribiese algo sobre Bertrand Russell, mi admiración y respeto por este autor me impulsaron a decir que sí sin vacilación. Debo innumerables horas de satisfacción a la lectura de las obras de Russell, tributo que no puedo rendir a ningún otro escritor científico contemporáneo, con la excepción de Thorstein Veblen. Descubrí pronto, empero, que era más fácil formular la promesa que cumplirla. Había prometido decir algo sobre Russell como filósofo y epistemólogo. Después de empezar a hacerlo muy confiado, advertí en seguida que me había aventurado en un tembladeral, pues hasta entonces me había limitado, de manera cautelosa, por falta de experiencia, al campo de la física.

Las actuales dificultades de su ciencia obligan al físico a afrontar problemas filosóficos en grado muy superior a lo que sucedía en otras generaciones. Aunque no hablaré aquí de estas dificultades, mi preocupación por ellas, más que nada, me llevó a la posición esbozada en este ensayo.

En la evolución del pensamiento filosófico a través de los siglos ha desempeñado un papel decisivo la cuestión siguiente: ¿Qué conocimiento puede proporcionar el pensamiento puro con independencia de la percepción sensorial? ¿Existe tal conocimiento? Si no existe, ¿cuál es con exactitud la relación entre nuestro conocimiento de la materia prima que nos proporcionan las impresiones sensoriales? A estas preguntas y a algunas otras que se vinculan íntimamente con ellas corresponde un caos casi infinito de opiniones filosóficas. Sin embargo, en esta serie de tentativas, por cierto estériles pero heroicas, se advierte una tendencia evolutiva sistemática que se puede definir como un creciente escepticismo respecto a todo intento de descubrir, por medio del pensamiento puro, algo sobre el «mundo objetivo», sobre el mundo de las «cosas» frente al mundo de los meros
«conceptos e ideas». Digamos entre paréntesis que lo mismo que haría un filósofo verdadero empleo aquí comillas para introducir un concepto ilegítimo, que pido al lector que admita por el momento, aunque resulte sospechoso a los ojos de la policía filosófica.

En el comienzo de la filosofía se creía, por lo general, que era posible descubrir todo lo cognoscible mediante la simple reflexión.

Resultaba una ilusión fácilmente aceptable si, por un instante, olvidamos lo que hemos aprendido de la filosofía posterior y de las ciencias naturales; no debe sorprendernos que Platón concediese mayor realidad a las «ideas» que a las cosas experimentables en forma empírica. Hasta en Spinoza, y en un filósofo tan moderno como Hegel, este prejuicio fue la fuerza vital que parece haber representado el papel decisivo. Se podría plantear sin duda también la cuestión de que, sin participar de esta ilusión, sería factible lograr algo realmente grande en el reino del pensamiento filosófico, mas nosotros no pretendemos analizar este problema.

Esta ilusión aristocrática sobre la capacidad ilimitada de penetración del pensamiento tiene como contrapartida la ilusión más plebeya del realismo ingenuo, según la cual las cosas «son» lo que percibimos a través de nuestros sentidos. Esta ilusión domina la vida diaria de hombres y animales. Además resulta el punto de partida de todas las ciencias, sobre todo de las ciencias naturales.

Estas dos ilusiones no pueden separarse de manera independiente.

La superación del realismo ingenuo ha sido relativamente fácil. En la introducción a su libro *An Inquiry into Meaning and Truth*, Russell delinea este proceso con admirable concisión:

«Todos partimos del realismo ingenuo, es decir, la doctrina de que las cosas son lo que parecen.

Creemos que la hierba es verde, las piedras duras y la nieve fría. Sin embargo, la física nos asegura que el verdor de la hierba, la dureza de las piedras y la frialdad de la nieve no son el verdor, la dureza y el frío que conocemos por nuestra propia experiencia, sino algo muy diferente. El observador, al pensar que está frente a una piedra, observa en realidad si hemos de creer a la física, es decir, a los efectos de la piedra sobre él. La ciencia se presenta, pues, en guerra consigo misma: cuando más objetiva pretende ser, más hundida se ve en la subjetividad, en contra de sus deseos. El realismo ingenuo lleva a la física y la física, si es auténtica, muestra que el realismo ingenuo es falso. En consecuencia, el realismo ingenuo, si es verdadero es falso. Por tanto, es falso».

Fuera de su magistral formulación, estas líneas expresan algo más que a mí nunca se me había ocurrido. Según un análisis superficial, el pensamiento de Berkeley y el de Hume parecen oponerse a la forma de pensamiento de las ciencias naturales. Empero; el citado comentario de Russell descubre una conexión: Si Berkeley se basa en el hecho de que no captamos directamente las «cosas» del mundo externo a través de nuestros sentidos, sino que sólo llegan a nuestros órganos sensoriales acontecimientos que tienen conexión causal con la presencia de las «cosas» nos encontramos con que esto es una consideración cuya fuerza persuasiva emana de nuestra confianza en la forma de pensar de la física. Por tanto, si se duda de la forma de pensamiento de la física, hasta en sus características más generales, no hay ninguna necesidad de interpolar entre el objeto y el acto de visión algo que separe el objeto del sujeto y torne problemática la «existencia del objeto».

No obstante, fue la misma forma de pensamiento de la física y sus éxitos los que socavaron la confianza en la posibilidad de entender las cosas y sus relaciones a través del pensamiento puramente especulativo.

Poco a poco se admitió la idea de que todo conocimiento de las cosas es sólo una elaboración de la materia prima proporcionada por los sentidos. En esta forma general —y un tanto vagamente formulada— es probable que esta frase sea ahora de aceptación común. Mas esta idea no se basa en el supuesto de que alguien haya logrado demostrar concretamente la imposibilidad de conocer la realidad mediante la especulación pura, sino más bien en el hecho de que el procedimiento empírico
—en el sentido antes mencionado— ha demostrado que puede por sí solo constituir una fuente de conocimiento. Galileo y Hume fueron los primeros en sostener este principio con absoluta claridad y precisión.

Hume comprobó que los conceptos que debemos considerar básicos, como por ejemplo, la conexión causal, no pueden obtenerse a partir del material que nos proporcionan los sentidos. Esta idea lo llevó a una actitud escéptica frente a cualquier tipo de conocimiento. Al leer los libros de Hume causa asombro que muchos filósofos posteriores a él, a veces filósofos muy estimados, hayan sido capaces de escribir tantas cosas oscuras e intrincadas y hasta hallar lectores agradecidos.

Hume ha influido de manera permanente en la evolución de los mejores filósofos que le siguieron. Se lo percibe al leer los análisis filosóficos de Russell, cuya inteligencia y sencillez de expresión me lo han recordado muchas veces.

El hombre tiene un profundo anhelo de certeza en sus

conocimientos.

Por eso parecía tan devastador el claro mensaje de Hume. La materia prima sensorial, la única fuente de nuestro conocimiento, puede llevarnos, por hábito, a la fe y a la esperanza, pero no al conocimiento, y todavía menos a la captación de las relaciones expresables en forma de leyes. Después salió a escena Kant con una idea que, aunque insostenible por cierto en la forma en que él la expuso, significaba un paso hacia la solución del dilema de Hume: todo lo que en el conocimiento sea de origen empírico nunca es seguro (Hume). Por consiguiente, si tenemos conocimientos ciertos, definidos, deben basarse en la razón misma. Así sucede, por ejemplo, con las proposiciones de la geometría y con el principio de causalidad. Estos tipos de conocimiento y otros tipos determinados son, como si dijésemos, una parte de los instrumentos del pensamiento y no han de obtenerse, pues, previamente a partir de los datos sensoriales. Es decir, son conocimientos *a priori*. Hoy, todo el mundo sabe que los mencionados conceptos no contienen nada de la certeza, de la inevitabilidad intrínseca que le había atribuido Kant. Considero, no obstante, que de la exposición que formula Kant del problema es correcto lo que sigue. Al pensar, utilizamos, mediante cierta «corrección», conceptos a los que no hay ningún acceso si se parte de los materiales de la experiencia sensible, si se enfoca la situación desde el punto de vista lógico.

Estoy convencido, por supuesto, de que puede afirmarse aún mucho más: los conceptos que surgen en nuestro pensamiento y en nuestras expresiones lingüísticas son todos —cuando se enfocan lógicamente— creaciones libres del pensamiento que no pueden inducirse a partir de experiencias sensoriales. Esto no se advierte fácilmente porque tenemos el hábito de combinar ciertos conceptos y relaciones conceptuales —proposiciones— con determinadas experiencias sensibles, que no nos damos cuenta del abismo —insalvable desde el punto de vista lógico— que separa el mundo de las experiencias sensibles del mundo de los conceptos y de las proposiciones.

Así, por ejemplo, la serie de los números enteros es sin duda un invento del pensamiento, un instrumento autocreador que simplifica la ordenación de determinadas experiencias sensoriales. Sin embargo, no existe manera alguna de que podamos hacer surgir, por así decir, este concepto directamente de experiencias sensoriales. He elegido, de modo deliberado el concepto de número, porque pertenece al pensamiento precientífico y porque a pesar de tal hecho, su carácter constructivo es por cierto muy visible. Si bien cuanto más analizamos los conceptos más primitivos de la vida cotidiana más difícil resulta identificar el concepto entre la masa de hábitos inveterados como una creación independiente del pensamiento. Así puedo surgir la fatídica concepción —fatídica quiero decir para una comprensión de las condiciones aquí existentes—, según la cual los conceptos nacen de la experiencia a través de la «abstracción», esto es, a través de la omisión de una parte de su contenido. Debo explicar ahora por qué me parece tan fatídico este concepto.

En cuanto nos familiarizamos con la crítica de Hume, podemos sin duda vernos inducidos a creer que todos los conceptos y proposiciones que no pueden deducirse de la materia prima sensorial deben eliminarse del pensamiento por su carácter «metafísico», pues un pensamiento sólo adquiere contenido material a través de su relación con ese material sensorial. Considero por completo válida esta última proposición, pero sostengo que la norma de pensamiento que se basa en ella es falsa, pues nos lleva —si se aplica coherentemente— a rechazar sin excepción cualquier género de pensamiento por «metafísico».

Con el fin de que el pensamiento no degenere en «metafísico», o en vana palabrería, basta que existan suficientes proposiciones del sistema conceptual bien relacionadas con experiencias sensoriales y que el sistema conceptual, por su función de ordenador y supervisor de la experiencia sensible, muestre la máxima unidad y parquedad posibles.

Además de ello, el «sistema» es —respecto a la lógica— un juego libre con símbolos que siguen una norma establecida de manera arbitraria, desde el punto de vista lógico. Todo esto es válido —y del mismo modo— para el pensamiento de la vida diaria como para el pensamiento de las ciencias, elaborado de modo más consciente y sistemático.

Se comprenderá ahora sin esfuerzo lo que quiero decir si formulo la siguiente afirmación: Por su aguda crítica no sólo imprimió Hume un decisivo avance a la filosofía sino que además —aunque sin culpa suya— creó un peligro para esta disciplina, pues a causa de dicha crítica surgió un fatídico
«miedo a la metafísica» que ha llegado a convertirse en una

enfermedad de la filosofía empírica contemporánea. Esta enfermedad es la contrapartida del antiguo filosofar en las nubes, que creía poder menospreciar lo que aportaban los sentidos y prescindir de ellos.

Por mucho que se pueda admirar el certero análisis que Russell aporta en su último libro *Meaning and Truth*, pienso que aún en este caso se advierte el peso negativo del espectro del miedo metafísico.

Este miedo me parece, en efecto, la causa de que se conciba el «objeto» como una «masa de cualidades», «cualidades» que deben tomarse de la materia prima sensorial. Pues bien, el hecho de que se diga que dos cosas sean una y la misma, si coinciden en todas sus cualidades, nos obliga a considerar las relaciones geométricas entre las cosas como cualidades de éstas. (De otra manera nos veríamos constreñidos a considerar la «misma cosa», la Torre Eiffel de París y un rascacielos neoyorquino).

No veo, sin embargo, ningún peligro «metafísico» en tomar el objeto en el sentido de la física, como un concepto independiente dentro del sistema junto con la estructura espacio temporal adecuada.

Si tenemos todo esto en cuenta, me siento en particular complacido por el hecho de que, en el último capítulo del libro, resulta por fin que no se puede, en realidad, arreglárselas sin «metafísica». Lo único que me atrevo a reprochar en este respecto es la mala conciencia intelectual que se advierte entre líneas.

(1944)

Inteligencia matemática

Jacques Hadamard, matemático francés, realizó un estudio psicológico con matemáticos, a fin de determinar sus procesos mentales.

Consignamos dos de las preguntas seguidas por las respuestas de Einstein.

Sería importante para la investigación psicológica saber qué imágenes internas o mentales, qué género de «palabras internas» emplean los matemáticos: si son motrices, auditivas, visuales o mixtas, según el tema que se estudie.

Además, en el proceso de investigación ¿las palabras internas, o las imágenes mentales se presentan a plena conciencia o en el umbral de la conciencia…?

Estimado colega:

Trato de contestar a continuación, en síntesis, sus preguntas en la medida en que soy capaz de hacerlo. No me complacen mis respuestas y estoy dispuesto a contestar otras preguntas si usted cree que esto puede ser útil para la tarea, tan interesante y difícil que se ha propuesto.

A) Las palabras o el lenguaje, tal como se escriben o hablan, no parecen desempeñar ningún papel en mi mecanismo mental. Las entidades físicas que al parecer sirven como elementos del pensamiento son determinados signos e imágenes más o menos claros que pueden reproducirse y combinarse «voluntariamente».
Existe, sin duda, cierta conexión entre esos elementos y conceptos lógicos relevantes. Resulta manifiesto también que el deseo de llegar en último término a conceptos relacionados lógicamente es la base emotiva de este juego, más bien impreciso, con los elementos citados. Mas desde un punto de vista psicológico este juego combinatorio parece ser la característica esencial del pensamiento productivo antes de haber conexión alguna con una elaboración lógica en palabras u otro tipo de signo comunicable a los demás.

B) Los elementos referidos son, en mi caso, de tipo visual y algunos de tipo muscular. Los términos convencionales, u otros signos han de buscarse con esfuerzo, en una etapa secundaria, una vez establecido el juego asociativo, ya mencionado, cuando puede reproducirse a voluntad.

c) Según lo dicho, el juego con referidos elementos tiende a ser análogo a ciertas conexiones lógicas que se buscan.

d) Elementos visuales y motores. Si intervienen las palabras, éstas son en mi caso puramente auditivas, aunque sólo se presentan en una segunda etapa, como lo he dicho.

e) Creo que lo que usted llama conciencia plena es un caso límite que nunca puede alcanzarse del todo. Esto me parece relacionado con el fenómeno llamado estrechez de la conciencia.

Una observación: El profesor Max Wertheimer se ha propuesto estudiar la diferencia entre mera asociación o combinación de elementos reproductibles y la captación orgánica. No puedo juzgar hasta qué punto su análisis psicológico aprehende la cuestión esencial.

(1945)

El Estado y la conciencia individual

El problema según el cual ha de actuar el hombre si su gobierno prescribe conductas rígidas o la sociedad espera un comportamiento que su propia conciencia considera erróneo, es, por cierto, muy antiguo.

Resulta fácil decir que no puede considerarse responsable al individuo por actos ejecutados mediante una presión insoportable, porque el individuo depende por completo de la sociedad en que vive y ha de aceptar sus normas ciertamente. Mas la misma formulación de esta idea permite ver hasta qué punto tal concepción contradice nuestro sentido de la justicia.

La presión externa logra, en alguna medida, reducir la responsabilidad del individuo, pero nunca eliminarla. En los juicios de Nürenberg se aceptó este principio. Todo lo que tiene importancia moral en nuestras instituciones, leyes y costumbres, puede deducirse de la interpretación del sentido de la justicia por parte de innumerables individuos.

Las instituciones son impotentes, en el aspecto ético, a menos que las apoye el sentido de la responsabilidad de los individuos actuantes.

Todo esfuerzo por elevar y fortalecer este sentido de la responsabilidad es un elevado servicio a la humanidad.

En nuestro tiempo, los científicos y los ingenieros asumen una responsabilidad moral muy grande porque la creación y perfeccionamiento de instrumentos militares de destrucción generalizada cae dentro de su campo concreto de actividad. Pienso, entonces, que la creación de la *Society for Social Responsability in Science* (Sociedad para la Responsabilidad Social en la Ciencia) satisface una verdadera exigencia. Esta asociación a través de la discusión de los problemas de su competencia permitirá al individuo aclarar mejor sus ideas y llegar a una postura definida en cuanto a su propia situación; además, la ayuda mutua es esencial para quienes afrontan dificultades por obrar según su conciencia.

(1950)

Aforismos para Leo Baeck

Saludo al hombre que pasa por la vida siempre al servicio del prójimo, sin conocer el miedo, extraño a toda agresividad y a todo resentimiento. De este material están constituidos los grandes conductores morales que brindan consuelo a la humanidad en las miserias que ella misma crea.

El intento de combinar la sabiduría y el poder ha tenido éxito muy pocas veces, y cuando lo tuvo no fue por mucho tiempo.

Un hombre suele evitar atribuir talento a otro, sobre todo si es un enemigo.

Pocos son capaces de expresar con justicia opiniones que difieran de los prejuicios de su contorno social. La mayoría no se atreve ni a elaborarlas.

La primacía de los tontos es insuperable y está garantizada para siempre. Su falta de coherencia alivia, empero, el terror de su despotismo.

Para ser primer miembro perfecto de un rebaño de ovejas, se debe ser, sobre todo, una oveja.

Los contrastes y contradicciones que pueden convivir pacífica y permanentemente dentro de un cráneo, tornan ilusorios todos los sistemas de los optimistas y pesimistas políticos.

La risa de los dioses hace naufragar a quien intente proclamarse juez en el campo de la verdad y del conocimiento.

La alegría de mirar y comprender es el don más bello de la naturaleza.

(1953)

La libertad

Sé que es tarea difícil discutir sobre juicios fundamentales de valor.

Si, por ejemplo, alguien aprueba, como fin, la erradicación del género humano de la tierra, es imposible refutar ese punto de vista desde bases racionales. Si, en cambio, hay acuerdo sobre determinados objetivos y valores se puede argüir con razón en cuanto a los medios por los cuales pueden alcanzarse estos propósitos. Señalemos, entonces, dos objetivos sobre los cuales tal vez estén de acuerdo quienes lean estas líneas.

1. Los bienes esenciales destinados a sustentar la vida y la salud de todos los seres humanos, deberían producirse con el mínimo esfuerzo posible.

2. La satisfacción de las necesidades físicas es por supuesto la condición previa indispensable para una existencia decorosa, si bien no es suficiente por sí sola. Para que los hombres se muestren satisfechos deben tener también la posibilidad de desarrollar su capacidad intelectual y artística según sus características y condiciones personales.

El primero de estos fines exige la difusión de todos los conocimientos relacionados con las leyes de la naturaleza y de los procesos sociales, esto es, el impulso de todas las investigaciones científicas. La tarea científica resulta; por cierto, un conjunto natural, cuyas partes se apoyan mutuamente, de tal manera que nadie puede prever, en efecto.

No obstante, el progreso de la ciencia exige que sea posible la difusión sin restricciones de opiniones y consecuencias: libertad de expresión y de enseñanza en todos los ámbitos de la actividad intelectual. Por libertad debo suponer condiciones sociales de tal índole que el individuo que exponga sus modos de ver y las afirmaciones respecto a cuestiones científicas, de tipo general y particular, no enfrente por ello graves riesgos. Esta libertad de expresión es indispensable para el desarrollo y crecimiento de los conocimientos científicos, un detalle de decisiva importancia práctica. En primer término, debe garantizarla la ley. Mas las leyes solas no logran asegurar la libertad de expresión; a fin de que el hombre pueda exponer sus opiniones sin riesgos serios debe existir el espíritu de tolerancia en toda sociedad. Un ideal de libertad externa como éste jamás se logrará plenamente, aunque debe persistirse en él con empeño si queremos que el pensamiento científico avance sin tregua, lo mismo que el pensamiento filosófico y creador en general.

Para lograr el segundo objetivo, o sea que resulte posible el desarrollo espiritual de todos los individuos, es necesario un segundo género de libertad exterior. El individuo no ha de verse obligado a trabajar tanto para cubrir sus necesidades vitales que no le quede tiempo ni fuerzas para sus actividades personales. Sin este segundo tipo de libertad externa, no servirá de nada la libertad de expresión. El progreso tecnológico tornaría posible esta forma de libertad si se alcanzase una división racional del trabajo.

La evolución de la ciencia y de las actividades creadoras del espíritu en general, reclama otro modo de libertad que puede calificarse de libertad interior. Esa libertad de espíritu consiste en pensar con independencia sobre las limitaciones y los prejuicios autoritarios y sociales así como frente a la rutina antifilosófica y el hábito embrutecedor del ambiente. Esta libertad interior es un raro privilegio de la naturaleza y un propósito digno para el individuo. Empero, la comunidad puede realizar también mucha labor de estímulo en este sentido, por lo menos al no poner trabas a la labor intelectual. Las escuelas y los sistemas de enseñanza obstaculizan a veces el desarrollo de la libertad interior con influencias autoritarias o cuando imponen a los jóvenes cargas espirituales excesivas; las instituciones de enseñanza pueden, por otra parte, favorecer esta libertad si fomentan el pensamiento independiente. Únicamente si se prosigue con constancia y conciencia la libertad interior y la libertad externa es posible el progreso espiritual y el conocimiento y así mejorar la vida general del hombre en todos sus aspectos.

(1940)

Discurso al recibir el premio Lord Taylor

Acepto con gusto este premio como expresión de un sentimiento de afecto. Me produce un gran placer, por supuesto, advertir que se aplaude cálidamente la obstinación de un inconformismo incorregible.

En este caso nos interesa el inconformismo en un terreno de actividad bastante remoto, y ningún comité senatorial ha experimentado hasta el momento deseos de emprender la importante tarea de combatir, también en este aspecto, los peligros que amenazan la seguridad interna del ciudadano ignorante o amedrentado.

Respecto a las palabras de cálido elogio que se me han prodigado trataré de no discutirlas. ¿Quién cree qué todavía exista la modestia auténtica? Me arriesgaría a que me considerasen un viejo hipócrita.

Comprenderán, por tanto, que no tengo valor suficiente para afrontar tal peligro. Lo único que corresponde, por consiguiente, es confirmar mi gratitud.

(1953)

Los métodos de la inquisición moderna

Estimado señor Frauenglass:

Gracias por su nota. Por «campo remoto» me refiero a los fundamentos teóricos de la física.

El problema contra el que se enfrentan los intelectuales de este país, Estados Unidos, es muy grave. Los políticos reaccionarios han conseguido que el público sospeche de cualquier propósito intelectual, enegueciéndolo con la amenaza de un peligro exterior. Puesto que hasta ahora han tenido éxito han pasado ya a limitar la libertad de enseñanza y a privar de sus puestos a todos los que no se muestran sumisos, es decir, comienzan a matarlos de hambre.

¿Qué debe hacer contra este peligro la minoría de los intelectuales?

En verdad no veo más sistema que el método revolucionario de no cooperación, en el sentido de Gandhi. Todo intelectual al que convoque uno de esos comités, debe rehusarse a declarar. Esto es, ha de estar dispuesto a ir a la cárcel y a correr la ruina económica, a sacrificar, en síntesis, su bienestar económico en favor del bienestar cultural de su país.

La negativa a declarar no debe fundarse, empero, en el conocido subterfugio de invocar la enmienda quinta de la Constitución por la posibilidad de autoacusación, sino en la convicción de que es vergonzoso para un ciudadano sin tacha someterse a ese procedimiento inquisitorial, que viola el espíritu de la Constitución.

Si hay suficientes individuos dispuestos a adoptar esta seria actitud se conseguirá el triunfo. De lo contrario, los intelectuales de este país sólo merecerán la esclavitud que se les prepara.

P.D. No es necesario que esta carta se considere confidencial.

(1953)

Los derechos humanos

Se han reunido ustedes hoy para dedicar su preocupación al problema de los derechos humanos; y han resuelto ofrecerme un premio con tal motivo. Cuando me enteré del hecho, me deprimió un poco tal decisión. ¿En qué desdichada situación, pensé, se encuentra una comunidad para no encontrar un candidato más adecuado a quien conceder esta distinción?

Durante una larga vida he dedicado todos mis esfuerzos a fin de lograr una concepción algo más profunda de la estructura de la realidad física. Nunca he realizado trabajo sistemático alguno para mejorar la suerte de los hombres, para combatir la injusticia y la represión y mejorar las formas tradicionales de las relaciones humanas.

Sólo lo hice con largos intervalos; expresé mi opinión sobre cuestiones públicas siempre que me parecieron desgraciadas y negativas, es decir cuando el silencio me habría obligado a sentirme culpable de complicidad.

La existencia y la validez de los derechos humanos no están escritos en las estrellas. Los ideales sobre la conducta mutua de los seres humanos y la organización más acorde de la comunidad, los concibieron y enseñaron individuos ilustres a lo largo de toda la historia. Estos ideales y creencias derivados de la experiencia histórica, el anhelo de belleza y armonía fueron aceptados muy pronto por el hombre y pisoteados siempre por la misma gente impulsada por la presión de sus instintos animales. Una gran parte de la historia exhibe la lucha en favor de esos derechos humanos, una lucha eterna en que la que no se producirá nunca una victoria decisiva. Sin embargo, desfallecer en esta tarea significaría el hundimiento de la sociedad.

Al hablar ahora de los derechos humanos nos referimos en especial a los siguientes derechos esenciales: protección del individuo contra la usurpación arbitraria de sus derechos por parte de otros, o por el gobierno; derecho a trabajar y a percibir ingresos justos por su labor; libertad de enseñanza y de discusión; participación adecuada del individuo en la formación de su gobierno. Estos derechos humanos se reconocen hoy de manera teórica; sin embargo, mediante el uso frecuente de maniobras legales y formalismos resultan violados en medida mayor todavía que hace una generación. Existe, además, otro derecho humano, que pocas veces se menciona, aunque está destinado a ser muy importante: es el derecho, o el deber, que posee el ciudadano de no cooperar en actividades que considere erróneas o dañinas. En este sentido tiene que ocupar un lugar excepcional la negativa a prestar el servicio militar. He conocido personas de gran fortaleza moral e integridad que por ese motivo han entrado en conflicto con los órganos del Estado. El juicio de Nürenberg contra los criminales de guerra alemanes se basaba tácticamente en el reconocimiento de este principio: no pueden excusarse los actos criminales aun cuando se cometan por orden de un gobierno. La conciencia está por encima de la autoridad de la ley del Estado.

La lucha de nuestro tiempo se basa, sobre todo, en torno a la libertad de ideas políticas y a la libertad de discusión, así como a la libertad de investigación y de enseñanza. El temor al comunismo ha conducido a prácticas que son ya incomprensibles para el resto de la humanidad civilizada y que exponen a nuestro país al ridículo. ¿Hasta cuándo toleraremos que políticos, empujados por la sensualidad del poder, pretendan obtener ventajas electoralistas de modo tan poco digno? Hasta parece que la gente ha perdido su sentido del humor al extremo de que ese adagio francés «el ridículo mata» ya ha dejado de tener validez.

(1954)

Ciencia y religión

I

En el transcurso del siglo pasado y parte del anterior se sostuvo de manera generalizada que existía un conflicto insalvable entre la ciencia y la fe. La opinión que predominaba entre las personas de ideas avanzadas afirmaba que había llegado la hora de que el conocimiento, la ciencia, reemplazase a la fe; toda creencia que no se apoyara en el conocimiento era superstición y, como tal debía ser combatida. De acuerdo con esta concepción, la educación tenía como única función abrir el camino al pensar y al conocer, y la escuela, como instrumento decisivo de la instrucción del pueblo, debía servir sólo a este fin.

Sin duda es difícil hallar, si se la encuentra, una exposición tan simple del punto de vista racionalista; toda persona sensata puede ver en efecto lo unilateral de esta exposición. Sin embargo también es aconsejable exponer una tesis nítida y concisa si se quieren aclarar las ideas respecto a la naturaleza de este problema.

Por supuesto que el mejor medio de defender cualquier convicción es fundarla en la experiencia y en el razonamiento. Tenemos que aceptar en este caso el racionalismo extremo. El punto débil de esta concepción resulta, empero, que esas ideas que son inevitables y determinan nuestra conducta y nuestros juicios no pueden basarse sólo en este único procedimiento científico.

En efecto, el método científico no puede mostrarnos más que cómo se relacionan los hechos entre sí y cómo se condicionan mutuamente.

El deseo de alcanzar este conocimiento objetivo pertenece a la máxima exigencia de que es capaz el hombre, y pienso, por cierto, que nadie sospechará que intente reducir los triunfos y las luchas heroicas del hombre en este ámbito. Sin embargo, es manifiesto también que el conocimiento de lo que es no da acceso directo a lo que debería ser. Se puede tener el conocimiento más claro y completo de lo que es, y no lograr, en efecto, deducir de ello lo que debería ser la finalidad de nuestras aspiraciones humanas. El conocimiento objetivo nos proporciona poderosos instrumentos para conseguir ciertos fines, pero el objetivo último en sí y el propósito de alcanzarlo deben venir de otra fuente. No creo que sea necesario siquiera defender la tesis de que nuestra existencia y nuestra actividad sólo asumen sentido por la persecución de un objetivo tal y los valores correspondientes. El conocimiento de la verdad como tal es admirable, mas su utilidad como guía es tan escasa que no es posible demostrar ni la justificación ni el valor de la aspiración hacia ese mismo conocimiento de la verdad. Por consiguiente, nos enfrentamos aquí con los límites de la concepción puramente racional de nuestra existencia.

Sin embargo, no debe suponerse que el pensamiento inteligente no desempeñe algún papel en la formación de lo objetivo y de los juicios éticos. Cuando se comprende que ciertos medios serían útiles para la consecución de un fin, los medios en sí se convierten entonces en un fin. La inteligencia nos aclara la interrelación entre medios y fines.

Empero, el simple pensamiento no es capaz de proporcionarnos un sentido de los fines últimos y fundamentales. Penetrar estos fines y estas valoraciones esenciales e introducirlos en la vida emotiva de los individuos, me parece, de manera concreta, la función más importante de la religión en la vida social del hombre. Y si nos preguntamos de dónde se deriva la autoridad de tales fines esenciales, puesto que no pueden fundarse y justificarse en la razón, sólo diremos: son, en una sociedad sana, tradiciones poderosas, que influyen en la conducta, en las aspiraciones y en los juicios de los individuos. Esto es, están allí como algo vivo, sin que resulte indispensable buscar una justificación de su existencia. Adquieren fuerza no mediante la demostración sino de la revelación, a través de personalidades vigorosas. No es posible tratar de justificarlas, sino captar su naturaleza de modo simple y claro.

Los más elevados principios de nuestras aspiraciones y juicios nos los proporciona la tradición religiosa judeocristiana. Es un objetivo muy digno que, con nuestras débiles fuerzas, sólo logramos alcanzar muy pobremente, si bien proporciona una base segura a nuestras aspiraciones y valoraciones. Si se separa este objetivo de su forma religiosa y se examina en su mero aspecto humano, tal vez sea posible exponerlo así: Desarrollo libre y responsable del individuo, de modo que logre poner sus cualidades, con libertad y alegría al servicio de toda la humanidad.

No se intenta divinizar a una nación, a una clase ni tampoco a un individuo. ¿No somos todos hijos de un padre, tal como se dice en el lenguaje religioso? En verdad, tampoco correspondería al espíritu de este ideal la divinización del género humano, como una totalidad abstracta.

Sólo tiene alma el individuo. Y el fin superior del individuo es servir más que regir, o superarse de cualquier otro modo.

Si se examina la sustancia y se olvida la forma, pueden considerarse además estas palabras, como expresión de la actitud democrática esencial. El verdadero demócrata, igual que el hombre religioso, no puede adorar a su nación en el sentido corriente del término.

¿Cuál es, pues, en este problema, la función de la educación y de la escuela? Debería ayudarse al joven a formarse en un espíritu tal que esos principios esenciales fuesen para él como el aire que respira. Sólo la educación puede lograr este propósito.

Si se tienen estos elevados principios claramente a la vista, y se los compara con la vida y el espíritu de la época, se comprueba con pena que la humanidad civilizada se halla en la actualidad en un grave peligro. En los estados totalitarios los propios dirigentes se esfuerzan por destruir este espíritu de humanidad. En las zonas menos amenazadas son el nacionalismo y la intolerancia, la opresión de los individuos por medios económicos los que pretenden asfixiar esas valiosísimas tradiciones.

La conciencia de la gravedad de esta amenaza crece, sin embargo, entre los intelectuales, y se buscan con afán los medios para contrarrestar el peligro tanto en el dominio de la política nacional e internacional como en el de la legislación o de la organización en general.

Tales esfuerzos son, por cierto, indispensables. Los antiguos, sin embargo, sabían algo que al parecer nosotros hemos olvidado. Todos los medios resultan instrumentos inútiles si tras ellos no alienta un espíritu vivo. Mas si el designio de lograr el objetivo actúa poderosamente dentro de nosotros, no nos han de faltar fuerzas para encontrar los medios que conviertan ese objetivo en realidad.

II

No resultaría difícil concordar en cuanto a lo que entendemos por ciencia. Ciencia es la tarea, secular ya, de agrupar, mediante el pensamiento sistemático, los fenómenos perceptibles de este mundo dentro de una asociación lo más amplia posible. De manera esquemática es intentar una reconstrucción posterior de la existencia a través del proceso de conceptualización. Pero si me pregunto qué es la religión no logro encontrar una respuesta adecuada. Y hasta después de hallar la que consiga satisfacerme en ese momento concreto, sigo convencido de que nunca podré, de ningún modo, unificar, aunque sea en parte, los pensamientos de todos los que han brindado una consideración seria a esta cuestión.

Así, pues, en lugar de plantear qué es la religión, preferiría elucidar lo que caracteriza las aspiraciones de una persona que a mí me parece religiosa: esta persona es la religiosamente ilustrada, la que se ha liberado, en la medida máxima de su capacidad, de las trabas de los deseos egoístas y se entrega a pensamientos, sentimientos y aspiraciones a los que se adhiere por el valor supra personal que poseen. Creo que lo importante es la fuerza de este contenido supra personal y la profundidad de la convicción relacionada con su irresistible significado, independientemente de toda tentativa de unir ese contenido con un ser divino, ya que de otro modo no se podría concluir a Buda y a Spinoza entre las personalidades religiosas. Por consiguiente, una persona religiosa es devota en tanto no tiene duda alguna de la significación y elevación de aquellos objetos y fines suprasensibles que no requieren un fundamento racional ni son susceptibles de él. Existen de la misma manera inevitable y natural con que se da el individuo. La religión es así el viejo intento humano de alcanzar clara y completa conciencia de esos objetivos y valores y fortalecer y ampliar de continuo su efecto. Si se concibe la religión y la ciencia según lo dicho, resulta imposible un conflicto entre ellas. Pues la ciencia sólo puede afirmar lo que es, mas no lo que debiera ser, y fuera de su ámbito son necesarios juicios de valor de todo tipo. La religión, por lo demás, enfoca sólo valoraciones de pensamientos y acciones humanos: no puede hablar, esto es claro, de datos y relaciones entre datos. De acuerdo con esta interpretación, los conocidos conflictos entre religión y ciencia del pasado, deben atribuirse, sin duda, a una concepción errónea de la situación que se ha descrito.

Nace, por ejemplo, un conflicto cuando una comunidad religiosa insiste en la veracidad absoluta de todas las afirmaciones contenidas en la Biblia. Esto significa la intromisión, de la religión en la esfera de la ciencia; aquí tenemos, pues, que situar la lucha de la Iglesia contra las doctrinas de Galileo y Darwin. Además, algunos representantes de la ciencia han pretendido llegar a juicios esenciales sobre valores y fines con la base del método científico, y se han enfrentado con la religión.

Todos esos conflictos han originado errores fatales.

Empero, aunque los dominios de la religión y de la ciencia se hallan en sí mismos muy diferenciados, existen entre ambos relaciones y dependencias mutuas. Si bien la religión puede ser la que determine el objetivo, sabe, en efecto, a través de la ciencia, en el sentido más amplio, qué medios contribuirán al logro de los objetivos diseñados. Mas la ciencia sólo pueden crearla quienes de manera profunda están imbuidos de un deseo ferviente de alcanzar la verdad y de comprender las cosas. Y este sentimiento surge, por supuesto, de la esfera de la religión.

Asimismo pertenece a ella la fe en la posibilidad de que las normas válidas para el mundo de la existencia sean racionales, es decir, comprensibles mediante la razón. No puede imaginar que exista un solo científico sin esta arraigada fe. La situación puede expresarse con una imagen. La ciencia sin religión es coja; la religión sin ciencia ciega.

Aun cuando he dicho antes que no puede existir por cierto verdadero conflicto entre la religión y la ciencia, debo matizar, pues, tal afirmación, de nuevo, en un punto esencial, en lo que respecta al contenido real de las relaciones históricas. Esta diferenciación se refiere al concepto de Dios. Durante la etapa primitiva de la evolución espiritual del género humano, la fantasía de los hombres creó dioses a su propia imagen que con su voluntad parecían determinar el mundo de los fenómenos, o que hasta cierto punto influían en él. El hombre intentaba atraerse la voluntad de estos dioses en su favor a través de la magia y la oración. La idea de Dios de las religiones que se enseña hoy es una sublimación de ese antiguo concepto de los dioses. Su carácter antropomórfico lo muestra, por ejemplo, la circunstancia de que los hombres apelen al ser divino con oraciones y súplicas para obtener sus deseos.

No se negará, sin duda, que la idea de que exista un dios personal omnipotente, justo y misericordioso proporciona al hombre solaz, ayuda y guía, y además, en virtud de su sencillez, resulta accesible hasta para las inteligencias menos desarrolladas. Por otra parte, sin embargo, esta idea incluyc una falla básica, que el hombre ha percibido de manera dolorosa desde el fondo de la historia. Vale decir, si este ser es omnipotente, todo acontecimiento, incluidas las acciones humanas, los pensamientos humanos y los sentimientos y aspiraciones humanos resultan también obra suya.
¿Cómo pensar que los hombres sean responsables de sus actos y de su conducta ante tal ser todopoderoso? Al adjudicar premios y castigos, estaría en cierto modo juzgándose a sí mismo.
¿Cómo conciliar esta premisa con la bondad y rectitud que se le concede?

La fuente principal del rozamiento entre la religión y la ciencia se halla, por consiguiente, en este concepto de un dios personal. El objetivo de la ciencia es establecer normas generales que determinen la conexión recíproca de objetos y hechos en el espacio y en el tiempo.

Estas normas o leyes de la naturaleza, exigen una validez general absoluta no probada. Se trata en esencia de un programa, y la fe en la posibilidad de su cumplimiento sólo se funda, en principio, en éxitos parciales. Pero es difícil que alguien negara esos éxitos parciales y los atribuyera a la ilusión humana. El hecho de que al basarse en tales leyes sea posible predecir el curso temporal de los fenómenos era ciertos dominios con gran precisión y certeza, está muy arraigado en la conciencia del hombre moderno, aunque haya captado una parte mínima de las citadas leyes. Es suficiente que piense que los movimientos de los planetas dentro del sistema solar pueden calcularse previamente con gran exactitud a partir de un número limitado de leyes simples. De igual modo, si bien en forma menos precisa, es posible calcular por adelantado el funcionamiento de un motor eléctrico, un sistema de transmisión o un aparato de radio, aun cuando se trate de inventos recientes.

Por supuesto, si el número de factores que intervienen en un complejo fenoménico es demasiado grande, en la mayoría de los casos nos falla el método científico. Basta pensar en la meteorología, y que advirtamos que la predicción del tiempo, hasta por un período de algunos días, resulta imposible: Nadie duda, por cierto, que se trata de una conexión causal cuyos componentes necesarios conocemos en su mayoría. Los fenómenos de este campo no permiten una predicción exacta debido a la variedad de los factores implicados, no a una falencia de las leyes de la naturaleza.

No hemos penetrado tanto en las regularidades que se derivan del reino de las cosas vivas, pero sí lo suficiente, empero, para advertir al menos la norma de necesidad fijada. Pensemos al respecto en el orden sistemático de la herencia, y en el efecto de los tóxicos, el alcohol, por ejemplo, en la conducta de los seres humanos. Lo que falta en este ámbito es captar las conexiones de generalidad profunda, mas no un conocimiento del orden de sí mismo.

Cuanto más consciente es un hombre de la regularidad ordenada de todos los acontecimientos, más sólida es su convicción de que no queda espacio al margen de esta regularidad ordenada por caudal de naturaleza distinta. Para él no existirá la norma de lo humano ni la norma de lo divino como causa independiente de los acontecimientos naturales. No cabe duda de que la ciencia no refutará nunca, en el sentido estricto, la doctrina de un Dios personal que interviene en los hechos naturales, donde esta doctrina siempre puede refugiarse en aquellos dominios en los que aún no ha logrado afianzarse el conocimiento científico.

Estoy convencido, sin embargo, de que si los representantes de la religión adoptasen esa conducta no sólo sería indigno sino también fatal para ellos. Pienso que una doctrina que es incapaz de mantenerse a la luz, sino que debe refugiarse en las tinieblas, perderá de manera irremediable su influencia sobre el género humano, con un daño enorme para éste. En su lucha por un ideal ético los profesores de religión deben tener suficiente formación para prescindir de la doctrina de un Dios personal, esto es, desechar esa fuente de miedo y esperanza que proporcionó en el pasado un poder inmenso a los sacerdotes. Tendrán que apelar en su labor a las fuerzas que sean capaces de cultivar el bien, la verdad y la belleza en la humanidad. Por supuesto que es una tarea más difícil, aunque mucho más meritoria y noble. Si los maestros religiosos consiguen realizar la tarea indicada verán, en efecto, con alegría que la auténtica religión resulta dignificada por el conocimiento científico que la tornará más profunda.

Si uno de los objetivos de la religión es liberar al género humano de los temores, deseos y anhelos egocéntricos, el razonamiento científico puede ayudar también a la religión en otro sentido. Si bien es cierto que el propósito de la ciencia es descubrir reglas qué permitan asociar y predecir hechos, no es éste su único fin. Quiere reducir también las conexiones descubiertas al menor número posible de elementos conceptuales mutuamente independientes. En esta búsqueda de la unificación racional de lo múltiple se hallan sus mayores éxitos, aunque sea por cierto este intento el que crea el mayor riesgo de ser víctima de ilusiones. Mas quien haya pasado por la profunda experiencia de un avance positivo en este dominio se sentirá conmovido por un reverente respeto hacia la racionalidad que se manifiesta en la vida. A través de la comprensión logrará liberarse en gran medida de los engaños de las esperanzas y los deseos personales, y alcanzará así esa actitud mental humilde ante la grandeza de la razón encarnada en la existencia, que resulta inaccesible al hombre en sus dimensiones más hondas. Ciertamente, esta actitud me parece religiosa en el sentido más elevado del término. Y diría asimismo que la ciencia no sólo purifica el impulso religioso de la escoria del antropomorfismo sino que contribuye a una espiritualización de nuestra concepción de la vida.

En tanto más progrese la evolución espiritual de la especie humana, más cierto resulta que el camino que lleva a la verdadera religiosidad pasa, no por el miedo a la vida y el miedo a la muerte y la fe ciega, sino por la lucha en favor del conocimiento racional. Es evidente, en este sentido, que el sacerdote debe convertirse en profesor y maestro si desea cumplir con dignidad su elevada misión educadora.

(1939 y 1941).

¿La religión y la ciencia son irreconciliables?

¿Existe ciertamente una contradicción insuperable entre religión y ciencia? ¿La ciencia puede reemplazar a la religión? A lo largo de los siglos, las respuestas a estas preguntas han originado considerables polémicas y, más todavía, luchas muy agrias. Sin embargo, estoy convencido de que una consideración desapasionada de ambas cuestiones sólo nos llevaría a una respuesta negativa. Lo que complica la cuestión es, sin duda, el hecho de que mientras la mayoría coincide sin dificultad en lo que se entiende por «ciencia» difiere en el significado de «religión».

Respecto a la ciencia es posible definirla, para nuestros propósitos, como «pensamiento metódico encaminado a la determinación de conexiones normativas entre nuestras experiencias sensoriales». La ciencia produce conocimiento de manera inmediata, y medios de acción de modo indirecto. Conduce a la acción metódica si primero se establecen objetivos definidos. Mas la función de establecer objetivos y de definir juicios de valor trasciende su propio fin. Aunque es cierto que la ciencia, en la medida en que capta conexiones causales puede llegar a conclusiones importantes sobre la compatibilidad e incompatibilidad de objetivos y valoraciones, las definiciones independientes y esenciales sobre objetivos y valores quedan fuera de su alcance.

Por otra parte, en lo que atañe a la religión suele haber acuerdo en que su dominio abarca objetivos y valoraciones y, en síntesis, la base emotiva del pensamiento y las acciones de los seres humanos, en cuanto no estén predeterminados por la inalterable estructura hereditaria de la especie. La religión enfoca la actitud del hombre frente a la naturaleza en su conjunto, establece ideales para la vida individual y comunitaria, y las mutuas relaciones humanas. La religión trata de alcanzar esos ideales al ejercer una influencia educadora en la tradición por la elaboración y difusión de determinados pensamientos y narraciones de fácil acceso —epopeyas y mitos— capaces de influir en la valoración y la acción dentro del marco de los ideales afectados.

Este contenido mítico, o mas bien simbólico, de las tradiciones religiosas suele entrar en conflicto con la ciencia. Esto sucede siempre cuando tal conjunto de ideas religiosas contiene afirmaciones dogmáticamente establecidas sobre temas que pertenecen al campo de la ciencia.

Resulta esencial, pues, para preservar la verdadera religión, evitar esos conflictos siempre que surjan en temas que, en realidad, no son decisivos para la consecución de los objetivos religiosos.

Al considerar las diversas religiones existentes en cuanto a su esencia, es decir, si las despojamos de sus mitos, no me parece que difieran tan fundamentalmente como pretenden los defensores de la teoría «relativista» o convencional. Y esto no debe sorprendernos. Las actitudes morales de un pueblo que se apoya en la religión han de estar siempre encaminadas al objetivo de mantener y preservar la salud y la vitalidad comunitarias y las de los miembros de la comunidad, ya que de lo contrario la comunidad perecería. Un pueblo que honrase la falsedad, la difamación, el fraude y el asesinato no podría subsistir durante mucho tiempo.

Así, cuando nos enfrentamos con un caso concreto no es tarea fácil determinar claramente lo que es deseable y lo que no lo es; resulta algo tan difícil como definir con exactitud lo que hace que un cuadro o una sinfonía sean buenos. Es lo que se aprecia mejor de modo intuitivo que mediante la comprensión racional. De igual forma, los grandes maestros morales de la humanidad fueron de algún modo genios artísticos del arte de vivir. Aparte de los preceptos más elementales, nacidos directamente del deseo de mantener la vida y eliminar los sufrimientos innecesarios, hay otros que sin ser en apariencia del todo mensurables según las normas básicas, les concedemos, empero, la debida importancia. ¿Debe buscarse, por cierto, la verdad de manera incondicional, aun cuando obtenerla entrañe grandes sacrificios en esfuerzo y felicidad? Existen muchas cuestiones de este tipo que no pueden tener una solución adecuada desde una favorable posición racional, o que carecen de respuesta posible. Sin embargo, no creo que sea correcto el llamado punto de vista «relativista», ni siquiera en el caso de las decisiones morales más sutiles.

Si observamos las condiciones de vida actuales de la humanidad civilizada, aun según el aspecto de las normas religiosas más elementales, sentimos, sin duda, una desilusión muy dolorosa ante lo que se nos ofrece. Porque en tanto la religión prescribe amor fraterno en las relaciones entre individuos y grupos, el escenario más semeja un campo de batalla que una comunidad hermanada. El principio rector es en todas partes, tanto en la vida económica como en la política, la lucha implacable por el éxito a expensas del prójimo. Este espíritu competitivo predomina hasta en las escuelas y universidades y al destruir todos los sentimientos de cooperación y fraternidad, concibe el triunfo no como algo que emerge del amoral trabajo fecundo y concienzudo, sino como algo que nace de la ambición personal y del temor al rechazo.

Hay pesimistas que sostienen que esta situación es inevitable, inherente a la naturaleza de los seres humanos. Quienes proponen estas opiniones son los enemigos de la religión; sostienen implícitamente que las doctrinas religiosas son ideales utópicos no aptos para regir los problemas humanos. El estudio de las normas sociales de ciertas culturas llamadas primitivas habría demostrado de modo claro, que tal posición negativa carece por completo de base. Los interesados en estos temas, cruciales en el estudio de la religión, deberían leer lo que nos dice de los indios pueblo el libro *Pattern of Culture* de Ruth Benedict.

Al parecer, esta tribu ha logrado, en las condiciones de vida más duras, el difícil objetivo de liberar a sus miembros de la presión del espíritu competitivo e inculcarles una forma de vida fundada en la moderación y la cooperación, libre de coacciones externas y sin ninguna restricción de la felicidad.

La interpretación de la religión aquí expuesta implica una subordinación de la ciencia a la actitud religiosa, una relación que se menosprecia con demasiada facilidad en esta época materialista por excelencia. Si bien es cierto que los resultados científicos son desde luego independientes de las consideraciones morales o religiosas, no hay duda de que todos los individuos a los que debemos los grandes descubrimientos fecundos de la ciencia se hallaban imbuidos de la convicción, genuinamente religiosa, de que este universo nuestro es algo perfecto y susceptible de un análisis racional. Si esta confianza no hubiese sido tan arraigada y emotiva y si esta búsqueda de conocimientos no se hubiese inspirado en el *Amor Dei intelectualis* (Amor intelectual de Dios, frase de la Ética de Spinoza), no es comprensible cómo hubieran podido desplegar esa devoción infatigable que es lo único que permite al hombre alcanzar sus mayores triunfos.

(1948)

Necesidad de una cultura ética

Me siento obligado a enviar mi congratulación y a desear los mayores éxitos a su Sociedad para una Cultura Ética, con motivo de celebrarse su aniversario. Éste no es, por cierto, el momento de contemplar satisfechos los resultados obtenidos en estos setenta y cinco años de honestos esfuerzos en el plano ético. No podemos decir que los aspectos morales de la vida humana en general sean hoy más satisfactorios que en 1876.

En aquella época se creía que todo podía esperarse del estudio de los hechos científicos comprobables y de la eliminación de los prejuicios y las supersticiones. Lo logrado es, en efecto, importante y digno de los mayores esfuerzos de los más capaces. Y en tal sentido se ha obtenido mucho en el mencionado lapso, que se ha difundido a través de la literatura y desde la escena.

Sin embargo, la aniquilación de obstáculos no conduce por sí sola a un ennoblecimiento de la vida social e individual. Pues junto a ello es decisivo el anhelo de lucha en favor de una estructuración moral de nuestra vida comunitaria. En este punto no hay ciencia que pueda salvarnos.

Creo por supuesto que el excesivo énfasis en lo intelectual —que suele dirigirse sólo hacia la eficacia y lo práctico— de nuestra educación, ha conducido al debilitamiento de los valores éticos. No pienso tanto en los peligros que conlleva el progreso técnico para la especie humana, como en la asfixia de la consideración mutua entre los hombres por un hábito de pensamiento inclinado al mero hecho, que se ha extendido como un terrible congelamiento sobre las relaciones humanas.

La plenitud en los aspectos morales y estéticos es un objetivo mucho más próximo a las preocupaciones del arte que a las de las ciencias. Tiene prioridad, sin duda, la comprensión de nuestros semejantes.

Mas esta comprensión sólo resulta fecunda cuando la sustenta un sentimiento cordial y fraterno en la alegría y en la aflicción. El cultivo de esta elevada fuente de acción moral es lo que queda de la religión cuando ella se ha purificado de los elementos supersticiosos.

En este sentido, la religión constituye una parte importante de la educación, en la que recibe una consideración muy escasa y poco sistemática.

El dilema aterrador que plantea la situación política mundial está estrechamente relacionado con este pecado de omisión que nuestra civilización comete. Sin una «cultura ética» no hay salvación para la humanidad.

(1953)

Educación y paz mundial

Los Estados Unidos, a causa de su posición geográfica, se hallan en una situación envidiable para poder enseñar en sus escuelas un sano pacifismo, pues no existe aquí peligro grave de agresión extranjera, y por consiguiente no es necesario inculcar a la juventud un espíritu militarista.

Existe, empero, el riesgo de que el problema de educar a la juventud para la paz se enfoque desde un punto de vista emotivo y no desde un aspecto realista. Poco ganaríamos sin una amplia comprensión de las dificultades intrínsecas del problema.

La juventud norteamericana debería entender, en primer término, que aunque sea remota una invasión concreta de su territorio, es posible que el país se vea envuelto en cualquier momento en un conflicto internacional. Pensemos en la participación americana en la guerra mundial para comprender que debe aclararse muy bien este punto.

La seguridad, tanto para los Estados Unidos como para otros países sólo puede basarse en una solución satisfactoria del problema de la paz mundial. No debe permitirse que la juventud crea que es posible la seguridad mediante el aislamiento político. Habría que fomentar, por el contrario, un serio interés por el problema de la paz general. En particular hay que hacer comprender a los jóvenes la gran responsabilidad que asumieron los políticos norteamericanos al no apoyar los planes liberales del presidente Wilson al término de la guerra mundial, y obstaculizar después así la tarea de la Sociedad de las Naciones en la solución de este problema.

Sería necesario insistir en que nada se lograría por el simple procedimiento de exigir el desarme, mientras haya países poderosos que no rechacen el uso de los métodos bélicos para alcanzar posiciones más ventajosas en el mundo. Habría que explicar, además, la justificación de propuestas como las propiciadas por Francia, por ejemplo, para salvaguardar a países concretos e individuales mediante la creación de instituciones internacionales de defensa mutua contra el agresor. Estos tratados son necesarios, pero no suficientes por sí solos. Debería darse un paso más: internacionalizar los medios militares de defensa, es decir, fundir e intercambiar fuerzas en tan grande escala que las tropas estacionadas en un país cualquiera no estuvieran ligadas sólo a intereses de un país. Para preparar este paso la juventud tiene que comprender la importancia del problema.

También hay que fortalecer el espíritu de solidaridad internacional, combatir el patrioterismo como un obstáculo para la paz mundial.

Debería utilizarse la historia en el sistema educativo para interpretar el progreso de la civilización, y no para inculcar ideales de poder imperialista y de conquista militar. Desde este aspecto opino que habría que recomendar a los estudiantes la *Historia del mundo*, de H. G. Wells. En suma, resulta por lo menos importante de modo indirecto que tanto en geografía como en historia se impulse un entendimiento fraterno de las características de los diversos pueblos, que incluya a los que suele llamarse «primitivos» o «atrasados».

(1934)

La educación

Los aniversarios suelen dedicarse sobre todo a exámenes retrospectivos, en particular para evocar el recuerdo de personajes que se han destacado por el fomento de la vida cultural. No debe menospreciarse, por supuesto, este homenaje amistoso a nuestros predecesores, en tanto se considera que este recuerdo de lo mejor del pasado estimula a quienes en el presente se encuentran bien dispuestos para un valeroso esfuerzo en el mismo sentido. Mas esto tendría que hacerla alguien que, desde su juventud, haya estado en contacto con este país y estuviera familiarizado con su pasado, no un individuo que, como un gitano, ha vagado siempre de un lugar a otro y ha acumulado experiencias en toda clase de países.

No me queda, entonces, más opción que hablar de cuestiones que, ahora y siempre, con independencia del tiempo y del espacio, se relacionan con problemas educativos. No pretendo ser una autoridad en la materia, en especial cuando personas inteligentes y bien intencionadas de todos los tiempos han estudiado los problemas de la educación y han expresado clara y repetidamente sus ideas sobre ellos. ¿De dónde puedo sacar yo el valor, que soy en parte lego en el campo de la pedagogía, para exponer opiniones sin más fundamento que mi experiencia y mis creencias personales? Si se tratase de una cuestión científica, sin duda me sentiría inclinado a guardar silencio.

Pero el caso difiere cuando se trata de hombres en actividad. Aquí no es suficiente el conocimiento de la verdad; al contrario, este conocimiento debe renovarse de manera continua a través de esfuerzos incesantes. Es como una estatua de mármol que se alza en el desierto y a la que la arena amenaza sepultar. Las manos generosas deben trabajar siempre para que el mármol siga brillando a la luz del sol. Estas manos mías forman también parte de todas esas manos serviciales.

La enseñanza ha sido el instrumento más idóneo para transmitir el tesoro de la tradición de una generación a otra. Esto acaece aún hoy en mayor grado que en tiempos anteriores, pues a causa del desarrollo moderno de la vida económica se ha debilitado la familia como portadora de la tradición y de la educación. La continuidad y la preservación de la humanidad dependen, por tanto, en un nivel mayor que antes, de las instituciones de enseñanza.

A veces sólo se ve a la escuela como instrumento para transmitir el máximo de conocimientos a la generación presente. Pero esto no es exacto. El conocimiento está muerto; la escuela, en cambio, sirve a los vivos. Deberían cultivarse en los individuos jóvenes cualidades y aptitudes valiosas para el bien común. Más ello no significa que haya que destruir la individualidad y que el individuo se convierta en simple instrumento de la comunidad, como una abeja o una hormiga. Una comunidad de individuos moldeados con el mismo patrón, sin originalidad ni objetivos propios sería una sociedad empobrecida sin posibilidades de evolución. El objetivo ha de ser, al contrario, formar individuos que actúen y piensen con independencia y que consideren, no obstante, su interés vital más importante al servicio a la comunidad.

Por lo que he podido observar, el sistema de educación inglés es el que más se aproxima a este ideal.

Pero ¿cómo alcanzarlo?

¿Se debe, quizá, tratar de moralizar? En modo alguno. Las palabras son y siguen siendo un sonido vacío, y el camino de la perdición siempre ha estado sembrado de fidelidad verbal a un ideal. Las grandes personalidades no se forman con lo que se oye o se dice, sino mediante el trabajo y la actividad.

Por consiguiente, el mejor método de educación ha sido siempre aquel en que se urge al discípulo a la realización de tareas concretas.

Esto se aplica tanto a los primeros intentos de escribir del niño de la escuela primaria, como a una tesis universitaria, o a la simple memorización de un poema, a escribir una composición, a interpretar o traducir un texto, a resolver un problema de matemáticas o a la práctica de un deporte.

Mas, detrás de cada triunfo está la motivación que constituye su fundamento y que a su vez se ve fortalecida por la consecución del fin del proyecto. Ahí residen las principales diferencias, esenciales para el valor educativo de la escuela. El mismo esfuerzo puede surgir del temor y la coacción, del deseo ambicioso de autoridad y honores, o de un interés afectivo y un deseo de verdad y comprensión, y por tanto de esa curiosidad divina que todo niño sano posee, si bien tan a menudo se debilita prematuramente. La influencia educativa que ejerce sobre el alumno la ejecución de un trabajo puede ser muy distinta, según provenga del miedo al castigo, la pasión egoísta o el deseo de placer y satisfacción. Y nadie sostendrá, creo, que la administración del centro de enseñanza y la actitud de los profesores no influye en la formación de la psicología de los alumnos.

Para mí lo peor de la escuela es que utiliza como fundamento el temor, la fuerza y la autoridad. Este tratamiento destruye los sentimientos sólidos, la sinceridad y la confianza del alumno en sí mismo.

Crea un ser sumiso. No es extraño que tales escuelas sean comunes en Alemania y Rusia. Sé que los centros de enseñanza de este país están libres de este mal, que es el más dañino de todos; lo mismo sucede en Suiza y por cierto en todos los países con gobiernos democráticos. En cierto modo es fácil liberar a los centros de enseñanza de este grave mal. El poder del maestro debe basarse lo menos posible en medidas coactivas, de modo que la única fuente de respeto del alumno al profesor sean las cualidades humanas e intelectuales de éste.

El motivo que enunciamos en segundo lugar, la ambición, o dicho en forma más moderada, la busca de respeto y consideración de los demás, es algo que se halla muy enraizado en la naturaleza humana. Si no se diese un estímulo mental de este género, sería del todo imposible la cooperación entre los seres humanos. El deseo de obtener la aprobación del prójimo es, desde luego, uno de los poderes de cohesión más importantes de la sociedad. En este complejo de sentimientos, se hallan unidas de manera estrecha fuerzas constructivas y destructivas. El afán de aprobación y reconocimiento es un estímulo sano, pero el designio de ser reconocido como el mejor, el más fuerte o más inteligente que el prójimo o el compañero de estudios, conduce muy pronto a una actitud psicológica en exceso egoísta, que puede resultar dañosa para el individuo y la comunidad. Así, la institución de enseñanza y el profesor deben cuidarse de emplear el fácil método de fomentar la ambición personal para impulsar a los alumnos al trabajo diligente.

No pocas personas han citado en este sentido la teoría de la lucha por la vida y de la selección natural de Darwin como una autoridad para fomentar el espíritu de lucha. Hay quienes han intentado también demostrar de manera seudocientífica que es necesaria la destructiva lucha económica, fruto de la competencia entre los individuos. Esto es un error, pues el hombre debe su fuerza en la lucha por la vida al hecho de ser un animal social. Lo mismo que la contienda entre las hormigas de un mismo hormiguero impediría la supervivencia de éste, el enfrentamiento entre los miembros de   una misma comunidad humana atenta contra su supervivencia.

Por consiguiente, tenemos que prevenirnos contra quienes predican a los jóvenes el éxito, en el sentido habitual, como objetivo de la vida. Pues el hombre que triunfa es aquel que recibe mucho de sus semejantes, por lo general mucho más de lo que corresponde al servicio que les presta. El valor de un hombre debería juzgarse en función de lo que da y no de lo que recibe.

La motivación más gratificante del trabajo, en la escuela, en la vida, es el placer que proporciona el trabajo mismo, el que ofrecen sus resultados y la certeza del valor que tienen estos logros para la comunidad.

Para mí la tarea decisiva de la enseñanza es despertar y fortalecer estas fuerzas psicológicas en el joven.

Esta base psicológica genera por sí sola un deseo gozoso de obtener la posesión más valiosa que pueda alcanzar un ser humano: conocimiento y destreza artística.

Hacer surgir estos poderes psicológicos productivos es, por supuesto, más difícil que utilizar la fuerza o despertar la ambición individual, si bien tiene un mérito más elevado. Todo consiste en estimular la inclinación de los niños por el juego y el deseo infantil de reconocimiento y guiar al niño hacia dominios que sean beneficiosos para la sociedad; la educación se funda así en el anhelo de una actividad fecunda y de reconocimiento. Si la escuela consigue impulsar con éxito tales enfoques, se verá honrada por la nueva generación y las tareas que asigne a los educandos serán aceptadas como un don especial. He conocido niños que preferían la escuela a las vacaciones.

Una escuela de este tipo exige que el maestro sea una especie de artista en su actividad. ¿Qué puede hacerse para que prevalezca este espíritu en la escuela? No es fácil ofrecer aquí una solución universal que satisfaga a todos. Hay, sin embargo, condiciones fijas que deben cumplirse. En primer término, formar a los profesores para tales escuelas.

En segundo lugar, conceder amplia libertad al profesor para seleccionar el material de enseñanza y los métodos pedagógicos que desee emplear. Es cierto que también en su caso se aplica aquello de que el placer de la organización del propio trabajo se ve sofocado por la fuerza y la presión externas.

Quienes han seguido hasta aquí mis reflexiones con atención pueden formularse una pregunta. He hablado bastante del espíritu en que debe educarse a la juventud, según mi criterio. Nada he dicho, empero, sobre la elección de las disciplinas a enseñar ni sobre el método de enseñanza, ¿debe predominar el idioma o la formación técnica de la ciencia?

Contesto: En mi opinión todo esto es de importancia secundaria.

Si un joven ha adiestrado sus músculos y su resistencia física en la marcha y en la gimnasia, podrá más tarde realizar cualquier tarea ruda.

Lo mismo sucede con el empleo de la inteligencia y el ejercicio de la aptitud mental y manual. No se equivocaba, pues, quien expresó: «Educación es lo que queda cuando se olvida lo que se aprendió en la escuela». Por tal causa no me interesa tomar partido en absoluto en la lucha entre los que defienden la educación clásica filológico histórica y los que prefieren la educación orientada hacia las ciencias naturales.

Deseo impugnar, por otra parte, la idea de que la escuela debe enseñar de manera directa ese conocimiento especial y esas aptitudes específicas que se han de utilizar después en la vida. Las exigencias de la vida son demasiado múltiples para que resulte posible esta formación especializada en la escuela. Además considero censurable tratar al individuo como una herramienta inerte. La escuela tiene que plantearse siempre como objetivo que el joven salga de ella con una personalidad armónica, y no como un especialista. Pienso que este principio es aplicable, en cierto sentido, a las escuelas técnicas, cuyos alumnos se dedicarán a una profesión bien definida. Lo primero debería ser desarrollar la capacidad general para el pensamiento y el juicio independientes y no la adquisición simple de conocimientos especializados. Si un individuo domina los fundamentos de su disciplina y ha aprendido a pensar y a trabajar con autonomía, encontrará sin duda su camino, y además será mucho más hábil para adaptarse al progreso y los cambios, que el individuo cuya formación consista sólo en la adquisición de algunos conocimientos detallados.

En síntesis, quiero subrayar una vez más que lo dicho aquí de manera un tanto categórica no pretende ser más que la opinión personal de un hombre que únicamente se funda en su propia experiencia como alumno y como profesor.

(DISCURSO DE 1936, PUBLICADO EN 1950).

La literatura clásica

De una persona que sólo lee los periódicos o libros de autores contemporáneos se dice que es como un miope que se burlara de las gafas. Depende por completo de los prejuicios y modas de su época, puesto que nunca llega a ver ni oír otra cosa. Y lo que una persona piensa por su cuenta, sin el estímulo de los pensamientos y experiencias de los otros es, en el mejor de los casos, bastante mezquino y monótono.

Sólo hay unas cuantas personas ilustradas con una mente lúcida y un buen estilo en cada siglo. Lo que ha quedado de su obra es uno de los tesoros más preciados de la humanidad. A unos cuantos escritores de la antigüedad debemos que la gente de la Edad Media se librara poco a poco de las supersticiones y de la ignorancia que habían ensombrecido la vida durante más de cinco siglos.

No hay nada mejor que superar la presuntuosidad modernista.

(1952)

Para asegurar el futuro de la humanidad

El descubrimiento de las reacciones nucleares en cadena no tiene por qué provocar la destrucción de la especie humana, a igual que no la provocó el descubrimiento de las cerillas. Sin embargo, tenemos que hacer todo lo posible para que no se abuse de este descubrimiento. En el estado actual del desarrollo tecnológico sólo puede protegernos una organización supranacional que disponga de un poder ejecutivo muy fuerte. Una vez de acuerdo en esto, podremos hallar la energía necesaria para los sacrificios inevitables que exigirá esta tarea de asegurar el futuro de la especie. Si este objetivo no se logra a tiempo todos seremos culpables. Se corre el riesgo de que nadie haga nada a la espera de que los demás actúen.

El progreso de la ciencia en nuestro siglo suscita el respeto de toda persona culta, y hasta del hombre común que sólo advierte las aplicaciones técnicas de la ciencia. Pero, si se observan los problemas fundamentales de la ciencia no hemos de exagerar el alcance de los triunfos recientes. Si cuando vamos en un tren nos fijamos sólo en los objetos cercanos creemos movernos a una velocidad increíble, mientras que si dirigimos nuestra atención a los rasgos más notables del paisaje; como las montañas, el escenario parece modificarse de manera muy lenta. Lo mismo ocurre con los problemas básicos de la ciencia.

Pienso que ni siquiera es razonable hablar de nuestra «forma de vida» o la de los rusos. En ambos casos se trata de un conjunto de tradiciones y costumbres que no constituyen un todo orgánico. Tiene más sentido, por cierto, que nos preguntemos qué instituciones y tradiciones son dañinas y cuales son útiles a los seres humanos; cuáles proporcionan mayor felicidad y cuáles una aflicción mayor. Debemos esforzarnos entonces por adoptar las que nos parezcan mejores, sin tener en cuenta el hecho de que las veamos realizadas, en el presente, en nuestro país o en otro cualquiera.

(1953)

Educación y pensamiento independiente

No es suficiente enseñar a un hombre una especialidad. Aun cuando esto logre convertirlo en una especie de máquina útil no tendrá una personalidad desarrollada de manera armoniosa. Es indispensable que el estudiante adquiera una comprensión de los valores y una profunda afinidad con ellos. Tiene que alcanzar un vigoroso sentimiento de lo bello y de lo moralmente bueno. De lo contrario, la especialización de sus conocimientos lo asemejarán más a un perro adiestrado que a una persona de desarrollo culto y equilibrado. Ha de aprender a intuir las motivaciones de los seres humanos, sus sufrimientos e ilusiones para conseguir una relación adecuada con su prójimo y la comunidad.

Estos elementos espirituales se transmiten a las generaciones más jóvenes a través del contacto personal con quienes enseñan, —no en lo esencial por lo menos— mediante los libros de texto. Estos constituyen la cultura y la preservan. Pienso en todo ello cuando recomiendo el «arte y las letras» como disciplinas importantes, y no sólo el árido y estéril conocimiento especializado en el campo de la historia y la filosofía.

La insistencia exagerada en el sistema competitivo y la especialización prematura fundada en la utilización inmediata matan el espíritu en que se asienta toda la vida cultural, incluido el conocimiento especializado.

Es asimismo vital para una educación fecunda que se desarrolle en el joven una capacidad de pensamiento crítico independiente, proceso que corre graves riesgos si se sobrecarga al educando con distintas y variadas disciplinas. Este exceso lleva sin duda a la superficialidad. La enseñanza debe ser de tal índole que lo que se ofrece se reciba como un don valioso y no como un penoso deber.

(1952)

H. A. Lorentz como creador y personalidad

A fines del siglo pasado los físicos teóricos de todo el mundo consideraban a H. A. Lorentz como el más destacado entre ellos, y con razón. Los físicos de nuestra época no tienen, en general, plena conciencia del papel decisivo que desempeñó Lorentz en la estructuración de las ideas fundamentales de la física teórica. La causa de este extraño hecho es que las ideas básicas de Lorentz han llegado a ser tan familiares que resulta difícil advertir lo audaces que fueron, y hasta qué punto han simplificado los cimientos de la disciplina.

Cuando Lorentz comenzó su labor investigadora se había impuesto ya la teoría del electromagnetismo de Maxwell. Pero la gran complejidad de los principios fundamentales de esta teoría no permitía explicar con claridad sus rasgos esenciales. Si bien el concepto de campo había desplazado realmente el concepto de acción a distancia, los campos eléctricos y magnéticos todavía no se concebían como entidades primarias; eran más bien estados de la materia ponderada, tratada, después, como un continuo. Por consiguiente, el campo eléctrico se descomponía en la fuerza de campo y el desplazamiento dieléctrico.

En el caso más simple, estos dos campos estaban conectados por la constante dieléctrica, pero en principio se los trataba y consideraba como entidades independientes. El campo magnético recibía un tratamiento similar. Y a esta idea básica correspondía la actitud de tratar el espacio vacío como un caso especial de materia ponderable en el que la relación entre fuerza de campo y desplazamiento resultaba particularmente simple. Esta interpretación tenía como consecuencia que los campos eléctrico y magnético no se concibiesen con independencia del estado de movimiento de la materia que actuaba como agente portador del campo.

El estudio de los trabajos de H. Hertz sobre la electrodinámica de los cuerpos en movimiento proporciona una excelente visión de la interpretación de la electrodinámica de Maxwell entonces predominante.

Ahí llega la decisiva simplificación de la teoría por parte de Lorentz, quien basó sus investigaciones con intachable coherencia en las siguientes hipótesis:

La sede del campo electromagnético es el espacio vacío. En él sólo hay un vector de campo eléctrico y un vector de campo magnético.

Constituyen este campo cargas eléctricas atómicas sobre las que el campo aplica fuerzas ponderomotrices. La única conexión entre el campo electromagnético y la materia ponderable surge del hecho de que las cargas eléctricas elementales están estrictamente ligadas a partículas atómicas de materia. Para los átomos se cumplen las leyes del movimiento de Newton.

Según esta base simplificada, Lorentz construyó una teoría completa de todos los fenómenos electromagnéticos entonces conocidos, e incluyó en ella los fenómenos de la electrodinámica de los cuerpos en movimiento. Es un trabajo de una coherencia, lucidez y belleza que muy raras veces se logra en una ciencia empírica. El único fenómeno que no pudo explicarse del todo sobre esta base, esto es, sin supuestos adicionales, fue el famoso experimento de Michelson-Morley. Sin la localización del campo electromagnético en el espacio vacío es muy probable que este experimento no hubiese llevado a la teoría de la relatividad restringida. En verdad, el paso esencial consistió en reducir el electromagnetismo a las ecuaciones de Maxwell en el espacio vacío o —como se decía en la época— en el éter.

Lorentz descubrió también la «transformación de Lorentz», que recibió su nombre, aunque sin identificar su carácter de grupo. Para él las ecuaciones de Maxwell en el espacio vacío sólo se sostenían en un sistema determinado de coordenadas que se diferenciaba de los demás sistemas por su estado de reposo. Era una situación en extremo paradójica porque la teoría parecía limitar el sistema inercial aún más que la mecánica clásica. Esta circunstancia, que parecía por completo carente de base desde el aspecto empírico, había de llevar a la teoría de la relatividad restringida.

Merced a la generosidad de la Universidad de Leiden, pasé frecuentes temporadas allí con mi querido e inolvidable amigo Paul Ehrenfest. Tuve ocasión de asistir muchas veces a las conferencias que Lorentz daba de tanto en tanto a un pequeño círculo de jóvenes colegas cuando ya se había retirado de su cátedra. Todo cuanto salía de aquella mente superior era tan lúcido y bello como una gran obra de arte y lo exponía con una facilidad y sencillez que no he visto en nadie más.

Si nosotros, los jóvenes; hubiéramos conocido a Lorentz sólo por su inteligencia, nuestra admiración y respeto habrían sido excepcionales.

Pero lo que siento cuando pienso en él es algo más que eso. Significaba para mí más, personalmente, que ninguna otra persona que haya conocido en mi vida.

Además de dominar la física y la matemática tenía un absoluto control de sí mismo, sin esfuerzo ni tensión. Su insólita y absoluta carencia de debilidades humanas jamás tuvo un efecto deprimente sobre los demás. Todos percibían su superioridad aunque se sentía agobiado por ella. Si bien no se forjaba ilusiones sobre la gente ni sobre los problemas humanos, desbordaba amabilidad hacia todos y todo. Nunca daba impresión de dominio; siempre de servicio y de ayuda. Era perspicaz en alto grado y no permitía que nada asumiese una importancia inmerecida; lo protegía un humor sutil, que se reflejaba en sus ojos y en su sonrisa. Y sin embargo, a pesar de toda su devoción por la ciencia, estaba convencido de que nuestra inteligencia no podía penetrar con demasiada profundidad en la esencia de las cosas.

Sólo más tarde he sabido valorar plenamente esta actitud entre escéptica y humilde.

No obstante mis esforzadas tentativas descubro que el lenguaje —o al menos mi lenguaje— no puede hacer justicia al tema de este corto escrito. Por tanto me limitaré a citar dos breves aforismos de Lorentz que me impresionaron muy en particular:

«Me siento feliz de pertenecer a una nación que es demasiado pequeña para cometer grandes locuras».

A un hombre que durante la primera guerra mundial trató de convencerlo, en una conversación, de que en la esfera humana el poder y la fuerza determinan el destino, le contestó:

Es posible que tengas razón. Pero yo no querría vivir en un mundo así.

(1953)

En memoria de Marie Curie

Cuando una cultora tan eminente de la ciencia como la señora Curie llega al fin de sus días no debemos satisfacernos sólo con recordar lo que ha dado a la humanidad con los frutos de su trabajo. Las cualidades morales de una personalidad como la suya quizá tengan un significado todavía mayor para nuestra generación y para el curso de la historia, que los triunfos puramente intelectuales. Aun estos últimos dependen, en un grado mucho mayor de lo que suele admitirse; de la jerarquía del personaje.

Fue una gran fortuna para mí poder vincularme con la señora Curie durante veinte años de sublime y constante amistad. Su grandeza humana me admiró cada vez más. Su energía, la pureza de su voluntad, su austeridad para consigo misma, su objetividad, su juicio incorruptible, todas estas cualidades eran de tal carácter que pocas veces se hallan en un mismo individuo.

Se consideraba servidora de la sociedad y su auténtica modestia nunca cedía a la complacencia. Le apenaba un sentimiento profundo ante las crueldades y desigualdades de la sociedad. Esto le concedía ese aspecto exterior severo, que con frecuencia confundía a quienes no la conocían, una curiosa severidad sin el alivio de un toque artístico.

Cuando consideraba correcto determinado camino lo seguía sin compromiso y con tremenda tenacidad.

El máximo descubrimiento de su vida —demostrar la existencia de elementos radioactivos y aislarlos— no sólo se debe a su audaz intuición sino a su entrega y empeño en la tarea en las condiciones más extremas y duras que se puedan imaginar, condiciones que pocas veces se han presentado en la historia de la ciencia experimental.

Si la fuerza de carácter y la devoción de la señora Curie aún se hallasen vivas en los intelectuales europeos, aunque fuese sólo en pequeña proporción, Europa tendría frente a sí un brillante porvenir.

(1950)

Mahatma Gandhi

Conductor de un pueblo, sin apoyo de ninguna autoridad; político cuyo éxito no se fundaba en la habilidad ni en el control de instrumentos técnicos, sino únicamente en el poder de convicción de su personalidad, luchador victorioso que se burló siempre del empleo de la fuerza, y hombre de gran sabiduría y humildad, armado de una coherencia y una resolución, inflexibles, ha consagrado todas sus fuerzas a elevar a su pueblo y a mejorar su suerte. Un hombre, en suma, que se enfrentó a la brutalidad de Europa con la dignidad de un simple ser humano, y así mostró siempre su superioridad.

Puede ser que las futuras generaciones no logren creer que un hombre como éste se paseó alguna vez por esta tierra en carne y hueso.

(1950)

En memoria de Max Planck

Un hombre que tuvo el raro privilegio de dar al mundo una gran idea creadora, no tiene necesidad de las alabanzas de la posteridad. Su propio triunfo significa ya un premio superior.

Sin embargo es interesante —indispensable, en realidad— que se reúnan hoy aquí procedentes de todos los lugares del mundo, representantes de cuantos persiguen la verdad y el conocimiento. Han llegado para dar testimonio de que hasta en esta época en la que la pasión política y la fuerza bruta se ciernen como espadas sobre las angustiadas y temerosas cabezas de los hombres, la norma de nuestra búsqueda ideal de la verdad se mantiene incólume. Max Planck encarnó con rara perfección este ideal, un nexo que une siempre a científicos de todas las épocas y lugares.

Los griegos ya habían concebido la naturaleza atomística de la materia y los científicos del siglo XIX elevaron su probabilidad a gran altura. Pero fue la ley de la radiación de Planck la que proporcionó la primera determinación exacta —independiente de otros supuestos— de las magnitudes absolutas de los átomos. Planck demostró, de manera convincente, que además de la estructura atómica de la materia hay una especie de estructura atómica de la energía gobernada por la constante h, que él mismo introdujo.

Este descubrimiento se convirtió en el fundamento de todas las investigaciones del siglo XX en el campo de la física, y ha condicionado casi por completo su desarrollo. Sin este descubrimiento no hubiera sido posible construir una teoría adecuada de moléculas y átomos y de los procesos energéticos que rigen sus transformaciones. El descubrimiento ha hecho tambalear toda la estructura de la mecánica clásica y de la electrodinámica y ha planteado a la ciencia una nueva tarea: la de hallar una base conceptual nueva para toda la física. A pesar de los notables avances parciales todavía estamos muy lejos de dar una solución satisfactoria a este problema.

Al rendir homenaje a este hombre, la Academia Nacional Norteamericana de Ciencias expresa su esperanza de que la investigación libre, la búsqueda del conocimiento puro pueda proseguir sin obstáculos ni trabas.

(1950)

Mensaje en honor de Morris Raphael Cohen

Ha sido para mí un placer enterarme de que hay gente en esta turbulenta metrópolis que no está del todo absorbida por las impresiones momentáneas. Este simposio prueba que las relaciones entre seres humanos racionales no están amenazadas ni por el vanidoso presente ni por la línea divisoria de los muertos. Desde hace poco Morris Cohen figura entre los que se fueron.

Lo conocí bien como hombre en extremo consciente y generoso, de carácter independiente en grado sumo y tuve el placer de cambiar ideas con él en frecuentes ocasiones sobre problemas de interés común.

Pero las veces que intenté explicar su personalidad espiritual comprendí con disgusto que no estaba familiarizado con sus procesos mentales.

Para salvar esta laguna —al menos en parte— tomé su libro *Logic and Scientific Method*, que publicó junto con Ernest Nagel. No lo hice tranquilo, sino con justificada inquietud, puesto que tenía muy poco tiempo. Mas en cuanto empecé a leer, quedé tan fascinado que el motivo primitivo de mi lectura pasó a ocupar un lugar secundario.

Cuando transcurridas varias horas volví en mí, me pregunté qué era lo que tanto me había fascinado. La respuesta me resultó muy simple.

Los resultados no se ofrecían como algo hecho, sino que primero se despertaba la curiosidad científica del lector, y se exponían posibilidades opuestas de tratar la cuestión. Sólo después se enfocaba el problema de clarificar la cuestión a través de un análisis exhaustivo. La honradez intelectual del autor nos permite compartir la lucha interna de su propia mente. Esto es lo que constituye el distintivo del maestro. El conocimiento existe en dos formas: inerte y sin vida, reunido en libros, y vivo, en la conciencia de los seres humanos. Esta segunda forma de existencia es sin duda la fundamental; la otra, indispensable por cierto, ocupa un lugar inferior.

(1949)

Comentarios sobre la situación actual en Europa

El aspecto distintivo de la actual situación política del mundo, y en especial en Europa es, según mi opinión, que la evolución política ha fracasado, en los hechos y en las ideas, por no mantenerse en el nivel con los imperativos económicos, que han modificado las perspectivas en un período relativamente breve. Los intereses de cada país deberían subordinarse a los de una comunidad más amplia. La lucha para orientar en este sentido el pensamiento y el sentimiento políticos es dura porque se combate una tradición de siglos. Mas la supervivencia de Europa depende de su éxito. Estoy en absoluto convencido de que una vez superados los obstáculos psicológicos no será tan difícil resolver los problemas concretos. Lo fundamental para crear la atmósfera adecuada es la cooperación personal entre los que creemos en ello.

¡Esperamos que nuestros esfuerzos logren tender un puente de mutua confianza entre las naciones!

(1934)

Cultura y prosperidad

Afin de calcular los daños que la gran catástrofe política ha causado al desarrollo de la civilización, recordemos que la cultura en sus formas más elevadas es una planta delicada que depende de una complicada serie de factores y que sólo florece en unos cuantos lugares en una época determinada. Para que surja es indispensable, en primer término, cierto grado de prosperidad que permita a un sector de la población trabajar en problemas no directamente necesarios a la vida; en segundo lugar, una tradición moral de respeto a los valores y triunfos espirituales, en razón de la cual las clases que proveen los elementos para las exigencias inmediatas de la vida, proporcionan también los medios de vida de aquel sector de la población.

Durante el último siglo Alemania ha sido uno de los países en que se han dado ambas condiciones. Su prosperidad fue, en conjunto, modesta pero suficiente. Su tradición de respeto a la cultura vigorosa en alto grado. Según esta base los alemanes han producido creaciones culturales que constituyen parte indiscutible del mundo moderno. Si bien su prosperidad ha desaparecido, persiste en cambio todavía su tradición. La nación se ha visto privada de casi todas las fuentes de materia prima en que fundaba la existencia de su sector industrial. El excedente necesario para mantener al trabajador intelectual ha desaparecido. Así se ha de hundir también, de manera inevitable, la tradición citada y un fecundo semillero de cultura se convertirá en un erial.

Interesa a la especie humana, en tanto valora la cultura, impedir este empobrecimiento. Hay que prestar toda la ayuda posible y resucitar esa comunión de sentimientos, aplastada hoy por el egoísmo nacionalista, pues los valores humanos tienen un mérito independiente de la política y de las fronteras. De este modo se proporcionará a todos los pueblos las condiciones reales para que la planta de la cultura pueda existir y fructificar.

(1934)

Guerra atómica o paz

I

El empleo de la energía atómica no ha creado un problema nuevo.

Sólo ha concedido carácter de urgencia a la necesidad de resolver una cuestión existente. Es posible afirmar que nos ha afectado en un nivel cuantitativo y no cualitativo. En tanto existen naciones soberanas poseedoras de una gran fuerza, la guerra es inevitable. No quiero expresar de este modo que ahora mismo estallará una guerra, sino que es seguro que ha de producirse. Y esto era verdad antes de que la bomba atómica existiera. Lo que se ha modificado es el poder destructivo de la guerra.

No creo que la civilización ha de desaparecer en una conflagración atómica. Tal vez perezcan las dos terceras partes de la humanidad, pero muchos hombres capaces de pensar sobrevivirán y habrá libros suficientes para comenzar de nuevo.

No pienso tampoco que el secreto de la bomba deba ser entregado a las Naciones Unidas. Ni que tenga que entregarse a la Unión Soviética.

Cualquiera de estas opciones equivaldría a que un individuo dueño de un capital, gustoso de que otro trabajase con él en una empresa, empezara por entregarle a su presunto socio la mitad de su dinero. El segundo podría muy bien preferir crear una empresa rival, cuando lo que se quería era su colaboración. El secreto de la bomba debería depositarse en manos de un gobierno mundial y los Estados Unidos tendrían que anunciar su inmediata disposición favorable en este sentido.

Este gobierno debería integrarse por los Estados Unidas, la Unión Soviética y Gran Bretaña, las únicas tres naciones poseedoras de un fuerte poderío militar. Estos países comprometerían en ese gobierno mundial todas sus fuerzas militares. En razón de ser sólo tres los países con gran poder bélico sería muy simple —y no tan complejo, según se dice— establecer el mencionado gobierno.

Puesto que sólo los Estados Unidos y Gran Bretaña poseen el secreto de la bomba atómica, tendrían que invitar a la Unión Soviética a que preparara y presentara el primer borrador de la constitución de un gobierno mundial. De este modo se contribuiría a disipar la desconfianza de los rusos que poseen el convencimiento de que la bomba se mantiene en secreto con el definido propósito de impedir que ellos lleguen a fabricarla. Queda claro que el primer borrador no contendría más que un esbozo, pues habría que conceder confianza a los rusos de que un gobierno mundial les garantizaría su seguridad.

Lo razonable, por supuesto, sería que esa constitución se negociara por un solo ciudadano de cada uno de esos países. Estos representantes dispondrían de consejeros, si bien éstos emitirían su opinión cuando les fuese requerida. Considero que tres hombres pueden redactar una constitución válida y aceptable para todos ellos. Seis o siete personas, o más podrían fracasar. Después que las tres grandes potencias hubieran esbozado y aceptado dicha constitución los países pequeños serían invitados a integrarse en ese gobierno mundial. Podrían, desde luego, decidir permanecer fuera, aunque supongo que preferirían adherirse al convenio. Por supuesto, se les otorgaría el derecho a proponer modificaciones en la constitución redactada por los Tres Grandes.

Sin embargo, éstos deberían proseguir con la organización del gobierno mundial, con la presencia o sin la presencia de las naciones menores.

El poder de este gobierno mundial se extendería a todas las cuestiones militares, y sólo sería indispensable, un poder más: intervenir en las naciones en que una minoría oprimiese a la mayoría, porque esta situación origina la inestabilidad propicia a la guerra. Hay que buscar soluciones para el tipo de problemas que existe en la Argentina y en España. Se debe poner fin al concepto de no intervención, puesto que acabar con él es una manera de conservar la paz.

La formación del gobierno mundial no puede esperar a que se den condiciones idénticas en cada una de las tres grandes potencias. Aunque en la Unión Soviética gobierna una minoría, no creo que las condiciones internas sean, de por sí una amenaza para la paz mundial. Hay que advertir que el pueblo ruso no posee una amplia educación política y que las propuestas de cambio que tiendan a mejorar las condiciones del país han de ser elaboradas por una minoría, ya que no existe una mayoría capaz de hacerlo. Si hubiera nacido en Rusia, pienso que hubiera podido adaptarme a esa situación.

Si se establece un gobierno mundial con el monopolio de la autoridad militar no sería preciso cambiar la estructura de las tres grandes potencias. Las tres personas autorizadas para redactar el texto constitucional deberían encontrar el modo de ajustar sus sistemas previos.

¿Temo una tiranía del gobierno mundial? Desde luego que sí. Sin embargo, le tengo más miedo aún al estallido de una nueva guerra total. De alguna manera cualquier gobierno puede ser peligroso. Mas un gobierno mundial es preferible a la amenaza mucho mayor de las guerras, sobre todo debido a la intensificación del poder de destrucción.

Si tal gobierno no fuera establecido mediante un proceso de entendimiento mutuo, llegaría a existir sin duda y en una forma todavía más grave. Porque la guerra o las guerras sólo llegarán a extinguirse cuando una potencia se erija como dominante del resto del mundo, merced a su tremendo poder bélico.

En este momento somos dueños del secreto atómico. No debemos perderlo, y nos arriesgaríamos si lo entregáramos a las Naciones Unidas o a la Unión Soviética. Pero con rapidez tenemos que aclarar que no mantenemos la bomba en secreto para sostener nuestro poderío, sino deseosos de establecer la paz a través de un gobierno mundial. Es indispensable realizar los mayores esfuerzos para concretar esta clase de gobierno.

Conozco la existencia de personas que prefieren un acercamiento gradual a un gobierno del mundo, si bien aprueban la idea como objetivo de básica importancia. Avanzar poco a poco presenta un problema: mientras nos acerquemos al objetivo fundamental, mantendremos la bomba, sin que resulte claro el motivo para quienes no la poseen. Esta actitud crea temores y sospechas, con la consecuencia de que las relaciones entre las potencias empeora de manera peligrosa. Así, mientras que aquellos que avanzan poco a poco creen encaminarse hacia la paz del mundo, en verdad, con su paso tardo sólo contribuyen al advenimiento de la guerra. No hay tiempo que perder. Si queremos evitar la guerra tenemos que hacerlo con rapidez.

No seremos dueños del secreto durante mucho tiempo. Se dice que ningún otro país posee el capital necesario para invertirlo en el desarrollo de la bomba, esto nos aseguraría la presión del secreto de modo permanente. En este país se incurre con frecuencia en el error de medir los resultados por la cantidad de dinero que cuesta. Mas otras naciones, que tienen materiales y hombres, si se proponen desarrollar la energía atómica, pueden lograrlo. Lo único que se necesita es un equipo de hombres y los materiales, aparte de la decisión de utilizarlos y no dinero.

No me considero el padre de la utilización de la energía atómica.

Mi participación en este caso ha sido muy indirecta. Nunca pensé que se lograra usarla en el curso de mi vida. Sólo creía en la posibilidad, en términos teóricos. Y se ha convertido en un hecho merced al descubrimiento accidental de la reacción en cadena, algo que yo no habría podido predecir. La reacción fue descubierta por Hahn, en Berlín, y él mismo no supo interpretar correctamente su descubrimiento. Lise Meitner dio con la interpretación exacta, para huir más tarde de Alemania y poner su información en manos de Niels Bohr.

No me parece posible garantizar el progreso de la ciencia atómica mediante la organización de la actividad científica, a la manera en que se organizan las grandes empresas. Es factible organizar la aplicación de un descubrimiento ya hecho, mas no se organiza la obtención del descubrimiento. Sólo un individuo aislado puede analizar un descubrimiento.

Quizá exista cierto tipo de organización que proporcione a los científicos libertad y condiciones adecuadas de trabajo. En las universidades americanas, por ejemplo, los profesores de ciencias tendrían que ser reemplazados en algunas de sus obligaciones docentes para poder dedicar más tiempo a la investigación. ¿Existe posibilidad de imaginar una organización de científicos que efectuara los descubrimientos de Charles Darwin?

No pienso tampoco que las grandes empresas privadas de los Estados Unidos se adecuen a las necesidades de nuestro tiempo. Si llegara a este país un habitante de otro planeta ¿no se sorprendería de que aquí se otorgase un poder tan grande a las empresas privadas sin exigirles una debida responsabilidad? Sostengo esto para subrayar que el gobierno americano debe mantener el control de la energía atómica; y no porque el socialismo sea deseable por necesidad; la energía atómica ha sido desarrollada, en efecto, por el gobierno y resulta imposible pensar en entregar su propiedad —que es propiedad del pueblo— a personas o grupos de personas privadas.

En cuanto al socialismo, a menos que sea internacional hasta el punto de poseer un gobierno mundial que controle todo el poder militar, considero que con mayor facilidad que el capitalismo podría conducirnos a una guerra porque representa una concentración de poder todavía más extensa que éste.

No es posible anticipar cuándo se aplicará la energía atómica a fines constructivos. Hasta el presente sólo se sabe como utilizar una gran cantidad de uranio. El empleo de pequeñas cantidades suficientes, sea para mover un coche o un avión no se conoce por ahora y no es fácil predecir en que medida se logrará. Por supuesto que se llegará a ello, si bien nada puede precisarse hoy. Tampoco sabemos si se conseguirá utilizar materiales más comunes que el uranio para proporcionar energía atómica. Se supone que todos los materiales empleados para este fin serán elementos con elevado peso atómico. Estos elementos son muy escasos en razón de su baja estabilidad. La mayoría de esos elementos ya han desaparecido por desintegración radiactiva. De manera que aunque la utilización de la energía atómica puede ser —y lo será ciertamente— un gran acontecimiento para la humanidad, el hecho no se concretará hasta pasado algún tiempo.

Por mi parte no poseo el don de persuadir a amplios sectores de la urgencia de los problemas a los que la humanidad se enfrenta en esta época. Por consiguiente, recomiendo a quien sí posee el don de la persuasión, Emory Reves, cuyo libro *The Anatomy of de Peace* es inteligente, claro, conciso y, si se me permite emplear un término de moda, dinámico, en este tema de la guerra y de la necesidad de un gobierno mundial.

Como no veo que a corto plazo la energía atómica llegue a ser beneficiosa, debo aclarar que en el momento presente constituye una amenaza. Quizás esté bien que sea así. Tal vez logre intimidar a la raza humana hasta obligarla a ordenar los problemas internacionales, un hecho que sin la presión del miedo nunca llegaría a concretarse.

II

A partir de la fabricación de la primera bomba atómica nada se ha realizado para salvar al mundo de la guerra, en tanto se ha hecho mucho para aumentar su capacidad destructiva. No me hallo en condiciones de hablar con conocimiento de causa sobre el desarrollo de la bomba atómica porque no trabajo en esa actividad. Sin embargo, quienes actúan en este campo han manifestado ya lo necesario para saber que se ha logrado una bomba mucho más efectiva. Por supuesto, que es posible considerar el proyecto de fabricar una bomba de mayor tamaño, capaz de provocar la destrucción de una superficie amplísima.

También se puede pensar en efectuar un uso extensivo de los gases radiactivos, que podrían esparcirse sobre una región muy vasta y causar la pérdida de muchas vidas, sin ocasionar daños en los edificios.

No me parece necesario proseguir con estas suposiciones para llegar a plantear la posibilidad de una amplia guerra bacteriológica. No pienso que este tipo de operaciones bélicas presente una peligrosidad comparable con la de la guerra atómica. Tampoco considero el peligro derivado de comenzar una reacción en cadena que destruya todo el planeta o parte importante de él. Elimino esta idea, porque si el hombre pudiera provocarla mediante una explosión, ya debía haber sucedido por la acción de los rayos cósmicos que llegan de continuo a la superficie terrestre.

Sin embargo, no es preciso imaginar a la Tierra destruida como una nova por una explosión estelar, a fin de comprender el peligro de una guerra atómica, para reconocer que a menos que se evite el conflicto, se producirá la destrucción en una escala jamás considerada posible antaño y apenas aceptable hoy, y para entender también que muy pocos restos de civilización sobrevivirían.

Asimismo, se ha producido otro fenómeno en los dos primeros años de la guerra atómica. La gente, después de enterarse de la horrible naturaleza de estas armas, no ha hecho nada al respecto y, en general, han borrado toda inquietud de sus mentes. Un peligro difícil de evitar es mejor olvidarlo, así como un peligro frente al cual se han tomado todas las precauciones posibles también queda olvidado. Si los Estados Unidos hubieran dispersado sus industrias y descentralizado sus ciudades, sería razonable que el pueblo desdeñara el peligro que lo amenaza.

Como paréntesis debo decir que apruebo que este país no haya adoptado esas precauciones, porque ello hubiera implicado convertir la guerra atómica en una circunstancia más cercana todavía: todo el mundo quedaría convencido de que estamos resignados a sobrellevarla y preparados para enfrentarla. Empero, no se ha realizado nada para disipar el peligro bélico y sí se ha trabajado firmemente para que la guerra atómica sea algo horrible. Es decir, no hay excusas que permitan ignorar la amenaza.

Sostengo que no se ha realizado nada para disminuir el riesgo de guerra desde el momento en que se fabricó la bomba atómica, a pesar de una propuesta, presentada por los Estados Unidos ante las Naciones Unidas para que se establezca un control supranacional de la energía atómica. Esta nación ha presentado sólo un proyecto, fundado en condiciones que la Unión Soviética está ahora determinada a no aceptar.

De este modo se torna factible culpar a los rusos del fracaso.

Sin embargo, al acusar a los rusos los americanos no deberían ignorar que no han renunciado voluntariamente al uso de la bomba como arma corriente durante el tiempo previo a la constitución de un control supranacional o si tal control no se establece. Frente a esta actitud las demás naciones abrigan el temor de que los americanos consideren que la bomba es parte legítima de su arsenal, hasta tanto los restantes países hayan aceptado sus condiciones para constituir un control supranacional.

Los americanos aparentan estar convencidos de su firme decisión de no iniciar una guerra agresiva o preventiva. Y pueden creer, también, que una declaración pública de que no volverán a ser los primeros en utilizar la bomba atómica es innecesaria. Empero, este país ha sido solemnemente invitado a renunciar al empleo de la bomba, esto es, a declararla ilegal, y se ha negado a hacerlo a menos que se acepte su propuesta para establecer un control supranacional.

Me parece que esta política es equivocada. Considero que al no renunciar al uso de la bomba se obtiene cierta ventaja militar, porque de este modo otros países se abstendrán de iniciar una guerra en la que podría utilizarse armamento nuclear. Mas lo que se gana en un sentido se pierde en otro: un entendimiento para el control supranacional de la energía atómica es hoy más lejano que antes. No se advierte aquí una desventaja táctica, mientras sólo los Estados Unidos tengan la posibilidad de emplear la bomba. Sin embargo, en el instante en que otro país esté en condiciones de fabricarla, los Estados Unidos perderán mucho debido a la ausencia de un pacto internacional, pues sus industrias están concentradas y resultan vulnerables y su vida urbana se halla altamente desarrollada.

Al negarse a declararla ilegal en circunstancias en que monopoliza la bomba, esta nación pierde algo más: no se adhiere de manera pública a los principios éticos sobre la guerra, aceptados ya antes del último conflicto bélico. No hay que olvidar que la bomba atómica se fabricó en este país como medida preventiva. El propósito era impedir que los alemanes la utilizasen si la descubrían. El bombardeo de centros civiles lo iniciaron los alemanes y lo adoptaron los japoneses. Los aliados respondieron de igual modo, pero con mucha mayor eficacia, según se ha visto, y podían sentirse moralmente justificados al hacerlo.

En cambio ahora, sin ninguna provocación ni el justificativo de la represalia, la negativa a declarar ilegal el empleo de la bomba, a menos que se trate de una respuesta a un ataque previo, convierte su posesión en un objetivo político. Es difícil disculpar esta actitud.

No me opongo a que los Estados Unidos fabriquen y almacenen bombas, pues creo que esto debe hacerse, para que otras naciones no intenten un ataque atómico si llegan a poseer la bomba. Sin embargo, el único fin del almacenamiento de bombas será impedir ese posible ataque. También las Naciones Unidas deberían tener su bomba, así como poseen un ejército y armamento propio. Y en este caso la bomba serviría para impedir que un agresor o alguna nación rebelde intentase un ataque atómico. Ni las Naciones Unidas ni los Estados Unidos ni ninguna otra nación deberían emplear la bomba atómica por iniciativa personal. Tener como reserva cierta cantidad de bombas atómicas, sin que se exprese la promesa formal de no ser los primeros en emplearla, significa explotar la posesión de la bomba con propósitos políticos.

Puede ser que los Estados Unidos alienten la esperanza de amedrentar a la Unión Soviética para que este país acepte el control supranacional de la energía atómica. Pero el temor acrecienta los antagonismos y aumenta las posibilidades de una guerra. Opino que esta política implica desconocer las verdaderas normas de convivencia, ya que no favorece el establecimiento de un control supranacional de la energía atómica.

Salimos de una guerra en la que hemos aceptado la degradante falta de principios éticos del enemigo. Y en vez de sentirnos liberados de esas bajezas, en vez de considerarnos en condiciones de restaurar la inviolabilidad de la vida humana y la seguridad de los no combatientes, hemos hecho nuestra esta carencia de ética practicada por el enemigo durante el último conflicto. Así hemos emprendido el camino hacia otra confrontación bélica por iniciativa propia.

Quizá el público no sepa que en una nueva guerra existirían grandes cantidades de bombas atómicas. El peligro amenazante se podría medir según los daños ocasionados por las tres bombas que estallaron antes del fin de la última guerra.

Es casi seguro, asimismo, que la gente no advierta que en relación con los daños ocasionados, las bombas atómicas ya se han convertido en la forma de destrucción más económica utilizable en una ofensiva.

En una guerra próxima las bombas serán muchas, y en comparación, de bajo costo. Resultará difícil evitar una guerra atómica si no existe la decisión de utilizar esta energía y si dicha decisión no es mucho más fuerte que la que hoy se comprueba entre los dirigentes americanos civiles y militares   y entre la población misma. Los americanos deben reconocer que no constituyen la mayor potencia del mundo por tener la bomba en su poder, sino que, en verdad, son débiles en razón de su vulnerabilidad ante un ataque atómico. De lo contrario no estarán en condiciones de presentarse en Lake Success o en sus relaciones con Rusia con una predisposición que llegue a un entendimiento.

No pretendo, empero, que la única causa de la falta de acuerdo con la Unión Soviética acerca del control atómico resida en que los americanos no hayan declarado ilegal el empleo de la bomba. Los rusos han expresado sin ambages que harán todo lo que esté a su alcance para evitar la instauración de un régimen supranacional. No sólo rechazan esta idea en el campo de la energía atómica, sino que la desechan de plano, como principio y desdeñan por anticipado cualquier sugerencia que pueda conducir a un gobierno del mundo.

El señor Gromyko ha dicho, con razón, que la esencia de la propuesta atómica americana es el concepto de que la soberanía nacional no es compatible con la era atómica. Ha declarado, además, que la Unión Soviética no puede aceptar tal tesis. Las razones que invoca son oscuras, pues es evidente que no son más que pretextos. Mas lo que es verdad, según parece, es que los dirigentes soviéticos consideran que no pueden preservar la estructura social del estado soviético dentro de un régimen supranacional. El gobierno ruso está dispuesto a mantener su presente organización social y sus conductores, dueños de un gran poderío merced a la naturaleza misma de ese ordenamiento no ahorrarán esfuerzo para evitar que se instaure un régimen supranacional que pueda controlar la energía atómica o cualquier otra producción.

Quizá los rusos tengan razón en parte, en cuanto a la dificultad de mantener su estructura social presente dentro un régimen supranacional, si bien en su momento tal vez se vean constreñidos a reconocer que su pérdida es menos importante que permanecer aislados del mundo de la legalidad. Por ahora parece que se hallan sumergidos en sus temores y hay que admitir que los Estados Unidos han contribuido en demasía a acrecentarlos, no sólo respecto a la energía atómica sino también en muchos otros aspectos. En verdad, EE. UU. ha llevado ante los rusos una política sustentada en la convicción de que el miedo es la mejor de las armas diplomáticas.

Los rusos rechazan la formación de un sistema internacional de seguridad, aunque ello no es causa para que el resto del orbe no se preocupe por crearlo. Hemos visto que los rusos se aprestan a resistir con todas sus fuerzas frente a hechos que no quieren que se produzcan, pero también es cierto que si tales hechos se producen, sean flexibles y acomodaticios. Así tanto los Estados Unidos como las demás potencias no han de tolerar que los rusos opongan su veto al intento de erigir un sistema supranacional de seguridad, resulta lógico suponer que en cuanto comprendan que no están en condiciones de impedir que se establezca dicho régimen los rusos se unan a él.

Hasta ahora los Estados Unidos no han mostrado interés por garantizar la seguridad de la Unión Soviética. Se han limitado a su propia seguridad, lo que es natural en confrontaciones por el poder entre estados soberanos. Sin embargo, es difícil anticipar el efecto que tendría sobre los temores de los rusos una presión ejercida por el pueblo americano para lograr que sus dirigentes decidieran corregir la actual anarquía en las relaciones internacionales. En un mundo en que se impusiera el respeto por la ley, la seguridad rusa igualaría a la nuestra y si el pueblo americano luchara con empeño por esa causa —factible dentro de una organización democrática— quizá podría producirse un milagro en la actitud rusa.

En el instante presente los rusos no poseen prueba alguna que les demuestre que el pueblo americano no apoya de buen grado una política militarista, política que para los soviéticos es testimonio de que se busca intimidarlos de manera deliberada. Si se les ofrecieran pruebas de que los americanos desean defender con pasión la paz por el único medio posible, esto es, la instauración de un orden legal y supranacional, los rusos tal vez cambiaran sus cálculos sobre el peligro que representa, para la seguridad de la Unión Soviética, la actitud americana corriente. En tanto no se presente a Rusia una oferta auténtica y convincente, respaldada por un pueblo americano solidario, nadie podrá saber la respuesta de aquel país.

Quizá la primera respuesta fuera rechazar el orden legal. Empero, si a partir de entonces los rusos comenzaran a comprobar que un mundo en el que impera la ley se instaura aun sin ellos y que de ese modo la seguridad de su propio mundo aumenta, sus ideas tendrían que cambiar por necesidad.

Pienso que debemos invitar a la Unión Soviética a que se una a un gobierno mundial que tenga poder para garantizar la seguridad, y en el caso de que esa nación no se avenga a compartir dicho proyecto, deberemos establecer un sistema de seguridad sin ella. Advierto por supuesto grandes peligros en esta decisión. Al adoptarla habría que encontrar una forma según la cual se aclarase muy bien que el nuevo régimen no es una suma de poderes en contra de Rusia. Ha de ser una organización que por su estructura interna reduzca al mínimo los riesgos de guerra. Poseerá un espectro de intereses mucho más amplio que el de cualquiera de los estados miembros, de manera que no se incline a iniciar una guerra agresiva o preventiva. Deberá ser una potencia mucho más fuerte que cada uno de los países miembros y su extensión geográfica máxima a fin de que resulte difícil su derrota militar. Este organismo se orientará a la seguridad supranacional y rechazará el concepto de supremacía nacional, que resulta tan poderoso como factor de guerra.

Si se estableciera un régimen supranacional sin la presencia de Rusia, su eficacia en favor de la paz dependería de la habilidad y sinceridad con que se realizara esta tarea. Sería necesario subrayar de manera insistente el deseo de que Rusia formara parte de ese organismo.

Tanto para Rusia como para todos los países agrupados en dicha institución, habría que declarar que no se incurriría en falta por no adherirse al gobierno mundial. Si los soviéticos no se adhirieran al proyecto desde el comienzo deberían tener la certeza de ser bienvenidos cuando resolviesen ingresar en él. Debería quedar claro que la organización se constituye con el propósito de lograr la aceptación de las rusos.

Sin duda estas son ideas abstractas y no es fácil determinar el camino concreto que un gobierno parcial del mundo habría de seguir para que los soviéticos lo aceptasen. Sin embargo, considero que existen dos condiciones fundamentales: la nueva organización no poseerá secretos militares y a los rusos se les concederá libertad para enviar observadores a cada una de las sesiones de la organización, en las que se presenten, discutan y adopten las nuevas leyes y se decidan las adecuadas vías de acción. De este modo se destruirá la gran fábrica de secretos en que se entretejen la mayor parte de las sospechas del mundo.

Toda persona de mentalidad belicista se desconcertará ante la sugerencia de un régimen carente de secretos militares. A esos individuos se les ha enseñado a creer que los secretos así divulgados podrían impulsar a una nación prepotente a tratar de conquistar la Tierra. (Respecto del llamado secreto de la bomba atómica considero que los rusos serán sus dueños dentro de poco y gracias a su propio esfuerzo). Admito que no mantener secretos militares entraña un riesgo. Si un número suficiente de naciones reuniera su esfuerzo se lograría asumir ese riesgo, porque la seguridad de cada país se vería por completo acrecentada.

Y esto se podría realizar con toda confianza si desaparecieran los temores, las sospechas y los recelos. Las tensiones derivadas de la creciente posibilidad de la guerra en un mundo fundado en la soberanía serían reemplazadas por el sosiego y la paz. A su turno ello provocaría una mayor flexibilidad del pueblo ruso y sus dirigentes hacia el Oeste.

Según mi opinión la pertenencia a un sistema supranacional de seguridad no debería basarse en ningún principio democrático arbitrario. El requisito esencial residiría en que los representantes fuesen elegidos por el pueblo en cada uno de los países miembros, mediante una votación secreta. Los candidatos tendrían que ser representantes del pueblo y no del gobierno, y así quedaría en primer plano la naturaleza pacífica de la organización.

Exigir que otros criterios democráticos fuesen aceptados me parece que constituiría una actitud poco sensata. Las instituciones y los principios democráticos son resultados del desarrollo histórico, al extremo de que el hecho casi no es apreciado en los países que gozan de ellos. La insistencia en principios arbitrarios agudizaría las diferencias ideológicas entre Occidente y la Unión Soviética.

Sin embargo, ahora no son las diferencias ideológicas las que empujan al mundo hacia la guerra. En verdad, si todas las naciones occidentales adoptaran el socialismo, mientras mantuviesen sus respectivas soberanías nacionales, es posible que el conflicto por el poder entre el Este y el Oeste subsistiría. Los vehementes alegatos en contra de los sistemas económicos de hoy me parecen por completo irracionales. Que la vida económica de los Estados Unidos deba estar en manos de unos pocos individuos —como sucede— o que esos individuos deban estar sujetos al control del Estado puede ser importante, mas no lo suficiente para justificar todos los sentimientos favorables o contrarios según se manifiestan.

Me resultaría grato observar que todas las naciones integrantes del Estado supranacional reuniesen sus fuerzas militares y conservasen para sí solo una pequeña fuerza de policía. Y después quería ver a esas fuerzas unidas y distribuidas como en otro tiempo lo fueron los regimientos del imperio austro-húngaro, es decir, suponer que los hombres y oficiales de una región podrían servir mejor a los fines del imperio si no permanecían exclusivamente en sus provincias, pues de tal modo no se hallaban sujetos a presiones locales y raciales.

También me complacería comprobar que la autoridad del régimen supranacional se restringiese en particular al ámbito de la seguridad. No tengo la certeza si este plan funcionaria. La experiencia podría indicar la necesidad de cierta autoridad en cuestiones de economía, pues en las condiciones actuales la economía origina problemas nacionales que llevan dentro de sí la semilla de violentos conflictos. Sin embargo, prefiero que la tarea del nuevo organismo se limite a preservar la seguridad. Y asimismo preferiría que este régimen se estableciera junto con el fortalecimiento de las Naciones Unidas a fin de que no haya solución de continuidad en la búsqueda de la paz.

No desconozco las grandes dificultades que implicaría la organización de un gobierno mundial, ya si se inicia sin la participación de Rusia o con ella. Tengo conciencia de los riesgos. Y puesto que no deseo que se provoque la secesión de un país que se haya unido a la organización internacional, preveo como posible el peligro de una guerra civil. Mas creo por cierto que un gobierno mundial será realidad en algún momento del futuro y que el problema reside en el precio que se quiera pagar por él. Llegará el día, espero, en que tendrá que existir un gobierno mundial, aun cuando sea después de una nueva guerra, y aunque luego de esa guerra la potencia vencedora sea la que lo instituya, sobre la base de su poderío militar, y lo mantenga sólo mediante la militarización permanente de la raza humana.

Presiento, no obstante, que puede llegar a través del acuerdo y del poder de persuasión, es decir, con un costo muy bajo. Empero si adviene por esta senda no bastará apelar a la razón. Uno de los fundamentos del sistema comunista del Este es cierta similitud con la religión, la capacidad de inspirar las emociones que surgen de manera normal en el ámbito religioso. Si la causa de la paz, fundada en la ley, no logra suscitar de por sí la fuerza y el celo que despierta una religión, no es posible esperar el éxito. Aquellos a quienes la raza humana ha confiado su enseñanza moral tienen aquí su gran deber y su gran oportunidad. Pienso que los científicos atómicos ya están convencidos de que no pueden guiar al pueblo norteamericano hasta las verdades de la era atómica sólo con la ayuda de la lógica. Habrá que contar con el profundo poder de la emoción, que es un elemento básico del sentimiento religioso. Esperemos que no sólo las iglesias sino también las escuelas, universidades y los organismos rectores de la opinión asuman su excepcional responsabilidad en este aspecto.

(1945)

La mentalidad militarista

Creo que la clave de la situación actual reside en que el problema que confrontamos no puede ser considerado como un suceso aislado.

En primer término hay que plantear la siguiente pregunta: cada vez más las instituciones de enseñanza e investigación tendrán que ser sustentadas con fondos del Estado, porque las fuentes privadas no serán suficientes, por diversos motivos. ¿Es razonable que la distribución de los fondos destinados a estos fines y pagados por el contribuyente se confíe a los militares? Cualquier persona prudente, sin duda, contestará: ¡No! Está claro que la difícil tarea de hallar la distribución más adecuada deberá ser puesta en manos de personas cuyos méritos y cuyo trabajo habitual prueben que saben algo de ciencia e investigación.

Empero no son pocas las personas razonables que están de acuerdo en que ciertos organismos militares se encarguen de distribuir una parte importante de los fondos existentes, y la causa de esta actitud reside en que esas personas subordinan sus intereses culturales a su visión política general. Así pues, dirigiremos nuestra atención hacia esos puntos de vista políticos, sus orígenes e implicaciones. De este modo pronto comprenderemos que el problema que aquí discutimos no es sino uno entre tantos otros y que sólo puede ser evaluado y juzgado con exactitud si se sitúa dentro de un marco más amplio.

Las tendencias referidas son nuevas en los Estados Unidos. Surgieron cuando por influencia de las dos guerras mundiales y la consiguiente concentración de todos los esfuerzos hacia un objetivo bélico, se desarrolló una mentalidad en exceso militarista que con la casi súbita victoria se ha acentuado todavía más. El rasgo característico de esta mentalidad es que muy por encima de todos los otros factores que afectan a las relaciones entre los pueblos la gente pone en primer plano lo que Bertrand Russell, con frase feliz, ha denominado «poder desnudo».

Arrastrados al error en particular por los éxitos de Bismarck, los alemanes han sufrido una transformación total de su mentalidad y así, en menos de cien años se han hundido en la ruina absoluta.

Con toda franqueza debo confesar que la política exterior de los Estados Unidos a partir del cese de las hostilidades me ha traído el recuerdo irresistible de Alemania en la época del káiser Guillermo II y sé que esta penosa comparación es compartida por muchas personas.

Uno de los rasgos de la mentalidad militar es la de considerar esenciales los factores no humanos (bombas atómicas, bases estratégicas, armamentos de todo tipo, la posesión de materias primas, etc.), en tanto que el ser humano, sus deseos y pensamientos —es decir, los factores psicológicos— son juzgados como secundarios y poco importantes. De aquí proviene cierta similitud con el marxismo, por lo menos en la medida en que se considere sólo su aspecto teórico. El individuo es degradado hasta el nivel de un mero instrumento; se convierte en «material humano».

Las metas normales de la aspiración humana se desvanecen desde este punto de vista. La mentalidad militarista hace del «poder desnudo» un fin en sí mismo, una de las más extrañas ilusiones o ante las que pueden sucumbir los hombres.

En nuestro tiempo la mentalidad militarista es más peligrosa todavía que antes, porque los armamentos ofensivos son mucho más potentes. Esto, por necesidad, conduce a la guerra preventiva.

La inseguridad general, aliada con estas circunstancias, permite que los derechos de los civiles sean sacrificados en aras del supuesto bienestar del Estado. La caza de brujas por motivos políticos, los controles de toda clase (de la enseñanza y de la investigación, de la prensa y demás) parecen inevitables y por esta razón no surge una resistencia popular que, si no estuviera presente la mentalidad militarista, podría representar una protección. De manera gradual se produce un cambio de valores puesto que todo lo que no sirva con claridad a aquellos fines utópicos se ve y se juzgó como inferior.

Según las condiciones existentes no advierto otra salida que un plan de acción que tenga como objetivo establecer la seguridad sobre una base supranacional. Esperemos que haya hombres en número suficiente, capaces de guiar a la nación por esta senda, hombres que merced a su fortaleza moral logren que el país asuma su papel de conductor que ahora exigen las circunstancias exteriores. Entonces dejarán de existir problemas como el que hemos desarrollado aquí.

(1947)

Intercambio de correspondencia con miembros de la Academia rusa

Carta abierta al doctor Einstein.

«El conocido físico Albert Einstein no tiene fama sólo por sus descubrimiento científicos. En los últimos años Einstein ha prestado especial atención a los problemas sociales y políticos; habla por radio y escribe en la prensa; está vinculado a diversas organizaciones públicas; con frecuencia ha alzado su voz de protesta en contra de la barbarie nazi; también ha insistido en una paz duradera y se ha expresado contra la amenaza de una nueva guerra y contra la ambición de los militaristas que pretenden obtener un control completo de la actividad científica americana.

Los científicos soviéticos y el pueblo soviético en general aprecian el espíritu humanitario que fundamenta estas actividades del conocido hombre de ciencia, aun cuando su posición no siempre haya sido tan consistente y definida como hubiera debido ser. En efecto, en algunas de las más recientes declaraciones de Einstein se advierten ciertos aspectos que nos parecen no sólo equivocados sino también perjudiciales para la causa de la paz, que este científico sostiene con tanta pasión.

Nos parece que es nuestro deber llamar la atención sobre el tema, con el fin de clarificar un problema tan importante como lo es el de trabajar con eficacia en favor de la paz. Desde este punto de vista ha de considerarse la idea que el doctor Einstein ha sostenido en los últimos tiempos: la de un "gobierno mundial".

En la abigarrada compañía de los defensores de esta idea, además de los imperialistas declarados que la emplean como pantalla para una expansión ilimitada, en los países capitalistas hay un buen número de intelectuales que se sienten cautivados por la ventaja de esta idea y que no advierten sus verdaderas implicancias. Estas personas, pacifistas de mentalidad liberal, creen que el "gobierno mundial" será la panacea más eficaz de los males del mundo y el mejor guardián de una paz estable.

Quienes defienden un "gobierno mundial" formulan un uso constante de la tesis, al parecer indiscutible, según la cual en esta era atómica la soberanía del Estado es una reliquia del pasado o, como ha dicho Spaak —el delegado belga— en la asamblea general de las Naciones Unidas, una idea "anticuada" e incluso "reaccionaria". Sería difícil encontrar un argumento más alejado que éste de la verdad.

En primer término, los conceptos de un "gobierno mundial" y de un "superestado" de ninguna manera pueden considerarse productos de la era atómica. Son mucho más antiguos. Se debatieron, por ejemplo, en la época en que se constituyó la Sociedad de las Naciones.

Además, tales ideas, en los tiempos modernos, jamás han sido progresistas. Forman sólo un reflejo del hecho de que los monopolios capitalistas, que dominan a los países industriales más importantes estiman que sus fronteras nacionales son demasiado estrechas. Necesitan un mercado mundial, fuentes de materia prima extendidas por todo el mundo y ámbitos internacionales para la inversión de su capital. Por su dominio en cuestiones políticas y administrativas, los intereses monopolistas de las grandes potencias están en condiciones que les permiten emplear la maquinaria gubernamental, en su lucha por invadir esferas de influencia y en sus esfuerzos económicos y políticos para subyugar a otros países y asumir en ellos el papel de amos con la misma libertad de que gozan en sus propios estados.

Conocemos demasiado bien todo esto a través de la experiencia de nuestro país. Bajo el régimen zarista, reaccionario y servil ante los intereses del capital, con la mano de obra mal pagada y con sus vastos recursos naturales, Rusia fue un bocado sustancioso para el capitalismo extranjero. Las firmas francesas, británicas, belgas y alemanas se saciaron en nuestra nación como aves de rapiña, y obtuvieron ganancias que hubieran resultado inconcebibles en sus propias tierras. Y así el Occidente capitalista encadenó a la Rusia de los zares con préstamos que constituían una extorsión. Con el apoyo de los fondos concedidos por la banca extranjera, el gobierno zarista reprimió de manera brutal el movimiento revolucionario, retrasó el desarrollo de la ciencia y la cultura rusa e instigó los programas contra los judíos.

La gran Revolución Socialista de Octubre destrozó las cadenas de la dependencia económica y política que mantenían a nuestro país prisionero de los monopolios capitalistas mundiales. El gobierno soviético permitió que, por primera vez, nuestro país fuera un Estado libre e independiente de verdad; promovió el progreso de nuestra economía socialista y de la tecnología, la ciencia y la cultura, que se desarrollaron a un ritmo hasta entonces jamás visto a lo larga de la historia: de este modo, nuestro país se ha convertido en un verdadero baluarte de la paz y la seguridad internacional. Nuestro pueblo ha defendido la independencia de su patria a través de una guerra civil, en la lucha contra la intervención de un bloque de estados imperialistas y en las terribles batallas de la guerra contra los invasores nazis.

Y ahora, los que proponen un "superestado mundial" nos piden que por propia voluntad renunciemos a esta independencia en favor de un "gobierno mundial", expresión relumbrante que sólo encubre la realidad de una supremacía mundial de los monopolios capitalistas.

Ciertamente es ridículo pedirnos algo así. Después de la segunda guerra mundial muchos países han conseguido apartarse del sistema imperialista de opresión y esclavitud. Los pueblos de esos países trabajan para consolidar su independencia económica y política, para rechazar la intromisión extranjera en sus asuntos internos. Además, la rápida expansión del movimiento de independencia en las colonias y los protectorados ha despertado la conciencia nacional de cientos de millones de personas, que ya no quieren soportar su situación de esclavos.

Luego de haber perdido muchas regiones de provechosa explotación y ante el riesgo de perder otras, los monopolios de los países imperialistas acosan a las naciones que han escapado de su dominio y que luchan por su independencia, considerada por dichos monopolios como un desastre, para impedir la auténtica liberación de las colonias. Con este propósito los imperialistas recurren a los más diversos métodos de guerra militar, política, económica e ideológica.

Según este principio social los ideólogos del imperialismo pretenden desacreditar el concepto mismo de soberanía nacional. Uno de los métodos que emplean es apelar a complejos planes para la institución de un "Estado mundial" que, presuntamente, terminará con el imperialismo, las guerras, las fricciones internacionales para asegurar el triunfo de la ley y otras cosas por el estilo.

El deseo de rapiña de las fuerzas imperialistas que luchan por la supremacía mundial aparece disfrazado así con las vestiduras de una seudoprogresiva idea que atrae a ciertos intelectuales — científicos, escritores y otros— de los países capitalistas. En una carta abierta dirigida, en septiembre último, a las delegaciones de las Naciones

Unidas, el doctor Einstein ha sugerido un nuevo esquema para limitar la soberanía nacional. Su propuesta es la de reconstruir la Asamblea General y convertirla en un parlamento mundial permanente; además, le asigna más autoridad que la del Consejo de Seguridad porque según las declaraciones de este científico —que reproducen lo que todos los paniaguados de la diplomacia americana repiten a menudo— el Consejo está paralizado por el derecho de veto. Reconstruida de acuerdo con el plan del doctor Einstein, la Asamblea General será dueña de poderes finales de decisión y el principio de la unanimidad de las grandes potencias tendrá que ser abandonado.

Einstein propone que los delegados a las Naciones Unidas sean elegidos por votación popular y no designados por sus respectivos gobiernos, tal como se realiza en el presente. A simple vista esta propuesta parece ser progresista y hasta revolucionaria. Sin embargo, no mejoraría la situación existente.

Tratemos de imaginarnos, en la práctica, cuál sería el significado de tales elecciones para ese "parlamento mundial".

Gran parte de la humanidad vive todavía en países coloniales y dependientes, dominados por los gobernadores, las tropas y los monopolios financieros e industriales de unas pocas potencias imperialistas.

En esos países una "elección popular" significaría en los hechos, el nombramiento de los delegados a través de la administración colonial o de las autoridades militares. No hay que cavilar mucho para encontrar ejemplos; bastará recordar la parodia de referendo en Grecia, que se efectuó por los dirigentes fascistas y realistas, con la protección de las bayonetas británicas.

Pero el plan no puede funcionar mejor en los países en los que existe, de manera formal, el sufragio universal. En los países democrático-burgueses, donde domina el capital, éste apela a mil trampas y artilugios para lograr que el sufragio libre se convierta en una farsa, Einstein sabe, sin duda, que en las últimas elecciones al Congreso de los Estados Unidos sólo un 39 por ciento del electorado se presentó a votar; tampoco ignora que millones de negros en los Estados del sur están privados de sus derechos políticos o se ven forzados —a veces con amenaza de linchamiento— a votar por sus más duros enemigos, tal como ocurrió en el caso del difunto senador Bilbo, un archirreaccionario negrófobo.

Por otra parte, los impuestos al voto, exámenes especiales y otros recursos se emplean para robar el voto a millones de inmigrantes, trabajadores temporales y campesinos pobres. No mencionaremos la extendida corruptela de la compra del voto, el papel de la prensa reaccionaria, un poderoso instrumento que sirve para influir sobre las masas y que se maneja por los propietarios millonarios de periódicos, y tantos otros factores.

Esto muestra que en las actuales condiciones de vida en el mundo capitalista poco se puede esperar de unas elecciones populares para un parlamento mundial, como lo sugiere Einstein. La composición de ese organismo no resultaría ser mejor que la de la Asamblea General en estos momentos. Sólo se conseguiría una imagen distorsionada de los verdaderos sentimientos de las masas, de su deseo y esperanza de una paz duradera.

Todos sabemos que en la Asamblea General y en las comisiones de las Naciones Unidas, la delegación americana tiene a su disposición una máquina de votar, merced al hecho de que la abrumadora mayoría de los miembros de las Naciones Unidas se encuentran en situación de dependencia ante los Estados Unidos y se ven constreñidos a adaptar su política exterior a las exigencias de Washington. Por ejemplo, una cantidad de países latinoamericanos están atados de pies y manos a los monopolios estadounidenses, que determinan los precios de sus productos.

Supuestas estas circunstancias no es sorprendente que presionada por la delegación americana haya surgido una mayoría mecánica en la Asamblea General, mayoría que obedece en las votaciones a sus virtuales amos.

En algunos casos la diplomacia americana prefiere introducir ciertas medidas utilizando la bandera de las Naciones Unidas y no a través del Departamento de Estado. Prueba de ello es la comisión balcánica o la destacada como observadora de las elecciones en Corea. A fin de convertir a las Naciones Unidas en una rama del Departamento de Estado, la delegación americana ejerce presión a través del proyecto de una "Pequeña Asamblea", que en la práctica reemplazaría al Consejo de Seguridad, puesto que el principio de unanimidad de las grandes potencias resulta un fuerte obstáculo para la realización de los planes imperialistas.

La propuesta de Einstein conduciría al mismo resultado y, por tanto, en lugar de promover una paz duradera y una cooperación internacional sólo serviría como cortina para ocultar una ofensiva contra aquellas naciones sustentadoras de regímenes que impiden que el capital extranjero les arrebate sus habituales ganancias. También podría producirse la desenfrenada expansión del imperialismo americano y el desarme ideológico de las naciones que insisten en mantener su independencia.

Por una ironía del destino el doctor Einstein se ha convertido en un virtual defensor de los esquemas y ambiciones de los más acérrimos enemigos de la paz y la cooperación internacional. Y hasta ha llegado a declarar en su carta abierta que si la Unión Soviética se niega a participar en la novedosísima organización, los demás países tienen el derecho de seguir adelante sin esta nación, siempre que dejen la puerta abierta para una eventual participación soviética en ese organismo, ya en carácter de miembro activo o como "observadora".

En síntesis, esta propuesta difiere muy poco de las declaraciones que apoyan los resueltos sostenedores del imperialismo americano, por muy alejado que en realidad se halle el doctor Einstein de todos ellos.

La sustancia de todas estas sugerencias es que si las Naciones Unidas no pueden ser convertidas en un arma de la política de los Estados Unidos, en una pantalla que oculte los planes y designios imperialistas, ese organismo deberá ser destruido para dar lugar a una nueva organización "internacional", sin la presencia de la Unión Soviética y las nuevas democracias.

Pensamos que el doctor Einstein se ha aventurado por un camino falso y escabroso y corre tras el espejismo de un "Estado mundial" en una época en que existen sistemas sociales, políticos y económicos distintos. No hay causa, por supuesto, para que los Estados con estructuras sociales y económicas diferentes no cooperen económica y políticamente, siempre que esas diferencias se enfrenten con seriedad.

Pero Einstein se presenta como fiador de una concepción política que está en manos de los enemigos jurados de la cooperación internacional y de la paz duradera. Y ha invitado a los estados miembros de las Naciones Unidas a que sigan una senda que no llevará a una mayor seguridad internacional.

Esto sólo beneficiará a los monopolios capitalistas, para los cuales las complicaciones internacionales comportan la promesa de nuevos contratos de armamentos y más ganancias.

Creemos que Einstein merece una alta estima, como eminente científico y como hombre de espíritu público que lucha con sus mejores medios para promover la causa de la paz. Por esto consideramos que es nuestro deber hablar con absoluta franqueza y sin retórica diplomática.»

(1948)

Respuesta de Einstein

«Cuatro de mis colegas rusos han publicado un benevolente ataque contra de mí por medio de una carta abierta aparecida en el New Times. Aprecio el esfuerzo que han realizado y más todavía el hecho de que hayan expresado su punto de vista de manera tan abierta y directa.

Cuando se trata de problemas humanos, actuar con inteligencia sólo es posible si se intenta comprender los pensamientos, motivos e ideas del oponente de manera tan profunda que sea posible ver el mundo a través de sus ojos. Toda persona bien intencionada debe tratar de contribuir, en la medida más amplia de sus posibilidades, al mejoramiento de esa clase de comprensión. Con este espíritu quiero pedir a mis colegas rusos, y a cualquier otro lector que acepten esta respuesta a su carta. Se trata de una réplica de un hombre que con ansiedad pretende hallar una solución adecuada sin forjarse la ilusión de que él mismo conoce "la verdad" o "el recto camino" a seguir. Si a lo largo de estas líneas expreso mis opiniones de modo algo dogmático, debe quedar claro que sólo lo hago por razones de claridad y simplicidad.

Si bien la carta de ustedes, en lo esencial, aparece como un ataque contra los países no socialistas, en particular los Estados Unidos, creo quc detrás de la fachada agresiva existe una actitud mental defensiva, que conduce hacia un aislacionismo casi ilimitado. Esta actitud aislacionista no es difícil de comprender si se advierte todo lo que Rusia ha sufrido de parte de países extranjeros durante las tres últimas décadas: las invasiones alemanas y su genocidio de la población civil, la sistemática campaña de calumnias en la prensa occidental, el apoyo que obtuvo Hitler en su condición de instrumento para luchar contra Rusia.

Sin embargo, por comprensible que resulte este deseó de aislamiento, no deja de ser menos desastroso para Rusia y para todas las otras naciones.

Volveré sobre este tema más adelante.

El elemento decisivo del ataque de ustedes se refiere al apoyo que he brindado a la idea de un "gobierno mundial". Me interesaría discutir este importante problema sólo después de haber dicho unas pocas palabras acerca del antagonismo entre el socialismo y el capitalismo. Está claro que la actitud de ustedes acerca del sentido de esta contradicción domina por completo sus puntos de vista sobre los problemas internacionales.

Si se considera con objetividad el problema socio-económico se llegará al siguiente planteamiento: el desarrollo tecnológico ha traído consigo una creciente centralización del mecanismo económico.

Este desarrollo es responsable asimismo de que el poder económico en todos los países más industrializados se haya concentrado en las manos de unos pocos. Estas personas, en los países capitalistas no tienen que dar cuenta de sus acciones ante el conjunto del pueblo; en cambio, sí deben hacerlo en los países socialistas, en los que son funcionarios como los que tienen el poder político.

Pienso con ustedes que una economía socialista posee ventajas que definitivamente compensan sus desventajas, siempre que su administración —al menos hasta cierto punto— esté a la altura indispensable.

Llegará sin duda el día en que todas las naciones —en tanto existan como tales— expresarán su gratitud a Rusia por haber demostrado, por primera vez, la posibilidad práctica de una economía planificada, no obstante sus enormes dificultades. También creo que el capitalismo, o lo que llamaríamos el sistema de libre empresa, será incapaz de frenar el paro, que se hará crónico a causa del progreso tecnológico, y tampoco podrá mantener un equilibrio saludable entre la producción y el poder adquisitivo del consumidor.

Además no debemos incurrir en el error de reprochar al capitalismo la existencia de todos los males sociales y políticos que nos aquejan. En primer término esta idea es peligrosa porque alimenta la intolerancia y el fanatismo por parte de todos sus "creyentes", al permitir que un método social se transforme en un credo religioso que trata de traidores o delincuentes a todos los que no pertenecen a él.

Cuando se ha llegado a esta situación la aptitud para comprender las convicciones y los actos de los "infieles" se desvanece por completo.

Estoy seguro de que todos ustedes habrán aprendido a través de la historia cuánto sufrimiento innecesario han ocasionado a la humanidad las rígidas creencias.

Todo gobierno es malo en sí mismo, en cuanto lleva en su seno la tendencia a convertirse en una tiranía. Sin embargo, con la excepción de un pequeño número de anarquistas, estamos convencidos de que la sociedad civilizada no puede existir sin un gobierno. En un país ordenado existe cierto equilibrio dinámico entre la voluntad del pueblo y el gobierno, lo cual evita que éste degenere en tiranía. Resulta manifiesto que el peligro de ese deterioro es más agudo en un país en que el gobierno tiene autoridad no sólo sobre las fuerzas armadas sino también sobre todos los niveles de la educación y de la información, así como sobre la existencia económica de cada uno de sus ciudadanos. Digo esto sólo para señalar que el socialismo como tal no puede ser considerado la solución de todos los problemas, sino el simple marco dentro del cual tal solución es posible.

Lo que me ha sorprendido en la actitud general de ustedes, expresada en su carta, es lo siguiente: ustedes son acérrimos enemigos de la anarquía en el ámbito económico y, a la vez, apasionados defensores de la anarquía —por ejemplo, una soberanía ilimitada— en el ámbito de lo político internacional. La propuesta de restringir la soberanía de los estados individuales les parece inaceptable en sí misma, como si se tratara de un tipo de violación de un derecho natural. Además, tratan de demostrar que detrás de la idea de restringir la soberanía, los Estados Unidos ocultan su intención de dominar y explotar económicamente al resto del mundo sin necesidad de ir a una guerra. Ustedes intentan justificar esa aseveración en tanto analizan a su manera las acciones individuales de este gobierno desde el fin de la última guerra. Y quieren demostrar que la Asamblea de las Naciones Unidas es un simple espectáculo de títeres controlado por los Estados Unidos, y desde luego, por los capitalistas americanos.

Estos argumentos me parecen un tanto mitológicos; no son convincentes.

Empero, a partir de ellos se torna evidente el profundo abismo que divide a los intelectuales de nuestros dos países, resultado de un lamentable y artificial aislamiento mutuo. Si debe posibilitarse y ahondarse un intercambio personal y libre de puntos de vista, los intelectuales —tal vez más que nadie— podrían contribuir a la creación de una atmósfera de mutua comprensión entre las dos naciones y sus problemas. Esta atmósfera constituye un requisito previo y necesario para un provechoso desarrollo de la cooperación política. Sin embargo, y dado que por el momento dependemos del engorroso método de las "cartas abiertas", quiero señalar en forma breve mi reacción ante los argumentos de ustedes.

Nadie querrá negar que la influencia de la oligarquía económica sobre todos los campos de nuestra vida pública es muy poderosa. Pero esta influencia no debe ser sobrestimada, Franklin D. Roosevelt fue elegido presidente no obstante la desesperada oposición de estos poderosos grupos, y se le reeligió tres veces, y ello aconteció en una época en la que debían tomarse decisiones de suma importancia.

Respecto a los planes del gobierno americano desde el fin de la guerra no quiero ni soy capaz ni me siento en condiciones de justificarlos o explicarlos. Con todo no se puede negar que las sugerencias del gobierno americano referentes a las armas atómicas han representado, de algún modo, un intento de crear una organización supranacional de seguridad. Si no resultaron aceptables, han servido, por cierto, como base de discusión para lograr que realmente se solucionaran los problemas de la seguridad internacional. Y en efecto la actitud del gobierno soviético, en parte negativa y en parte dilatoria, ha dificultado a gente bien intencionada de este país el uso de su influencia política en la medida en que lo hubiera deseado y la posibilidad de oponerse a los "mercaderes de la guerra". En cuanto a la influencia de los Estados Unidos sobre la Asamblea de las Naciones Unidas debo expresar que, en mi opinión, no sólo surge del poderío económico y militar de este país sino también de los esfuerzos de los EE. UU. y las Naciones Unidas para avanzar hacia una genuina solución del problema de la seguridad.

En lo que se refiere al controvertido poder del veto creo que el empeño realizado para eliminarlo o neutralizarlo tiene su causa primera en el empleo abusivo que se hace de él y no en las intenciones concretas de los Estados Unidos.

Consideremos ahora la sospecha de ustedes según la cual la política de los Estados Unidos pretende obtener la dominación económica y la explotación de otras naciones. Constituye un intento precario decir algo veraz acerca de los fines y las intenciones. Es preferible examinar los factores objetivos en este caso. Los Estados Unidos tienen la fortuna de producir en su propia tierra todos los productos industriales indispensables y los comestibles, en cantidad suficiente. También posee el país todo tipo de materia prima, o las más importantes. A causa de la firme creencia en la "libre empresa" no puede mantenerse el nivel adquisitivo del pueblo en equilibrio con la capacidad productiva del país. Por esta razón existe el constante peligro de que el paro alcance dimensiones amenazadoras.

Por tales circunstancias los Estados Unidos se ven obligados a aumentar su comercio exterior. Sin él la nación no podría mantener por completo en actividad su maquinaria productiva. Esta situación no sería dañina si las exportaciones estuvieran compensadas por importaciones del mismo valor. La explotación de las naciones extranjeras consistiría, pues, en que el valor en términos de trabajo de las importaciones excedería en mucho el de las exportaciones.

Sin embargo, se realiza toda clase de esfuerzos para impedirlo, puesto que casi cada importación deja inactiva parte de la maquinaria productiva.

Así pues los países extranjeros no están en condiciones de pagar las mercancías que exportan los Estados Unidos, porque esos pagos a largo plazo sólo podrían hacerse mediante importaciones. Se explica entonces el origen de una gran cantidad de oro que ha llegado a los Estados Unidos. En su totalidad este oro no puede ser utilizado sino para la adquisición de mercancía extranjera, lo que, por la razón ya señalada, no es posible. ¡Allí está ese oro, bien protegido de los ladrones, un verdadero monumento a la sabiduría del gobierno y a la ciencia de la economía!

Las razones que acabo de indicar me impiden tomar en serio la pretendida explotación del mundo que se atribuye a los Estados Unidos.

Sin embargo, la situación descrita tiene un aspecto político comprometido.

Debido a las causas indicadas los Estados Unidos se ven forzados a enviar parte de su producción hacia países extranjeros. Estas exportaciones son financiadas por préstamos que los Estados Unidos ofrecen a los países extranjeros. Resulta difícil imaginar como serán devueltos esos préstamos. En la práctica, pues, esos préstamos pueden ser considerados regalos utilizables como armas en la arena política.

Frente a las condiciones existentes y las características generales de los seres humanos, debo admitir con franqueza que esto representa un verdadero peligro. Empero, ¿no es verdad que estamos enredados en unas relaciones internacionales en que toda invención de nuestras mentes y todo bien material se puede convertir en un arma y, por tanto, en un peligro para la humanidad?

Esta pregunta nos conduce al más importante de los temas, frente al cual lo demás resulta insignificante. Sabemos que la fricción entre las potencias conduce, más tarde o más temprano, a la guerra, y que esa guerra, dadas las actuales circunstancias significaría la destrucción en masa de seres humanos y bienes materiales, cuyas dimensiones serían mucho, mucho mayores que las de todo otro conflicto que se haya producido hasta el presente.

¿Es realmente inevitable que a causa de nuestras pasiones y costumbres heredadas estemos condenados a aniquilarnos entre nosotros mismos, sin que exista la posibilidad de que quede algo digno de ser conservado? ¿No es verdad que todas las controversias y diferencias de opinión expresadas en nuestro curioso intercambio epistolar son bagatelas si se las compara con el peligro frente al cual nos hallamos? ¿No debemos intentar todo cuánto esté a nuestro alcance para eliminar el riesgo que amenaza a todas las naciones por igual?

Si nos adherimos al concepto y a la práctica de la soberanía ilimitada de las naciones el resultado será que cada una se reservará el derecho de lograr sus objetivos a través de la guerra. En ese caso cada país debe estar preparado para esa eventualidad; esto quiere decir que intentará por todos los medios de ser superior a los restantes. Tal objetivo dominará progresivamente nuestra vida pública y envenenará a la juventud mucho antes de que la catástrofe se desencadene sobre nosotros.

No debemos tolerar esta situación mientras podamos mantener un mínimo de capacidad de pensamiento y de sentimientos humanos.

Sólo esto es lo que se halla en mi mente cuando apoyo la idea de un "gobierno mundial", sin cálculo alguno acerca de lo que otras personas puedan maquinar al trabajar para el mismo objetivo. Defiendo la idea de un gobierno mundial porque estoy convencido de que no hay otro camino para eliminar el más terrible de los peligros que hoy enfrenta el hombre. Antes que ningún otro el objetivo de evitar la destrucción total debe tener prioridad.

Estoy seguro de que ustedes comprenderán que esta carta ha sido escrita con toda la seriedad y la honestidad de que soy capaz; confío en que la aceptarán con el mismo espíritu.»

(1948)

Un mensaje a los intelectuales

Como intelectuales e investigadores de distintas nacionalidades, nos hallamos hoy enfrentados ante una profunda e histórica responsabilidad.

Existen motivos que nos impulsan a estar agradecidos a nuestros colegas franceses y polacos, cuya iniciativa nos ha reunido aquí con un objetivo esencial: utilizar la influencia de los hombres sensatos para promover la paz y la seguridad en todo el mundo. Éste es el antiguo problema mediante el cual Platón —uno de los primeros— luchó empeñosamente: aplicar la razón y la prudencia para lograr la solución de las dificultades del hombre en vez de apelar a los instintos atávicos y a las pasiones.

Una penosa experiencia nos enseña que el pensamiento racional no basta para resolver las cuestiones de nuestra vida social. La investigación y el trabajo científico serio han tenido a menudo trágicas proyecciones sobre la humanidad. Han producido, por una parte, los inventos que liberaron al hombre de un trabajo físico agotador y tornaron la vida más rica y fácil, mientras que, por otra parte, introducían una grave inquietud en la existencia, pues el hombre se convertía en esclavo de su ámbito tecnológico —y más catastrófico todavía— creaba los medios para su destrucción masiva. Sin duda nos hallamos frente a una tragedia de terrible alcance.

Por muy afligente que resulte este hecho es más trágico aún considerar que mientras la humanidad ha producido muchos investigadores de genio en el campo de la ciencia y la tecnología, sin embargo no hemos sido capaces de hallar soluciones adecuadas para los innumerables conflictos políticos y tensiones económicas que nos abruman. Por cierto el antagonismo de intereses económicos dentro y entre las naciones es en gran medida responsable de la situación peligrosa y amenazante que vive el mundo de nuestros días. El hombre no ha conseguido desarrollar formas de organización política y económica que garanticen la coexistencia pacífica de las naciones del mundo. No ha logrado edificar un sistema que elimine la posibilidad de la guerra y que rechace para siempre los criminales instrumentos de destrucción masiva.

Sumergidos como estamos en el trágico destino que nos ha llevado a colaborar en la elaboración de métodos de aniquilación más horribles y más eficaces cada vez, los científicos debemos considerar que nuestra solemne y esencial obligación es hacer cuanto esté a nuestro alcance para impedir que esas armas sean utilizadas con la brutal finalidad para la que fueron inventadas. ¿Qué otra cosa podría ser más importante para nosotros? ¿Qué otro propósito social podría sernos más deseable? Debido a estas circunstancias este Congreso tiene ante sí una misión vital. Estamos aquí para brindarnos mutuos consejos.

Hay que construir puentes espirituales y científicos que sirvan de enlace entre las naciones del mundo. Debemos superar los tremendos obstáculos de las fronteras nacionales.

Dentro de las instituciones menores de la vida comunitaria el hombre ha realizado algunos progresos en el intento de terminar con las soberanías antisociales. Esto es cierto en cuanto a la vida dentro de las ciudades, y en determinada manera, también de la sociedad dentro de los estados individuales. En esas comunidades la tradición y la educación han tenido una influencia moderadora y han contribuido al surgimiento de relaciones de tolerancia entre los pueblos que viven dentro de esos confines. Sin embargo en las relaciones entre estados independientes todavía se impone la anarquía.

No creo que durante los últimos mil años hayamos logrado algún progreso verdadero en ese terreno.

Los conflictos entre las naciones aún se resuelven, con mucha frecuencia, mediante el poder brutal, a través de la guerra. El deseo incontrolado de un poderío siempre mayor se ha convertido en un elemento activo y agresivo cada vez que se ha presentado la posibilidad de que sea así.

Durante el transcurso de los siglos este estado de anarquía en los problemas internacionales ha ocasionado sufrimientos y destrozos indescriptibles; siempre se ha impedido el desarrollo del hombre, de su espíritu y de su bienestar. En ocasiones se ha llegado casi al aniquilamiento de países enteros.

Por otra parte, las naciones alimentan el designio de estar siempre preparadas para la guerra y esto añade nuevas repercusiones sobre la vida de los hombres. El poder de cada Estado sobre sus ciudadanos ha crecido sin pausa en los últimos siglos, tanto en los países en los que el poder estatal se ejerce con sensatez como en los que se utiliza para una tiranización brutal de la ciudadanía. La función estatal de mantener relaciones pacíficas y ordenadas entre los ciudadanos se ha convertido en un proceso cada vez más completo a causa de la concentración y centralización del moderno aparato industrial. A fin de proteger a sus ciudadanos de ataques externos, el Estado moderno necesita ejércitos cada vez más poderosos. Además, el Estado estima imprescindible educar a sus ciudadanos para la posibilidad de una guerra: una «educación» que no sólo corrompe el alma y el espíritu de los jóvenes, sino que también afecta la mentalidad de los adultos. Ningún país puede evitar esta corrupción que infecta a la ciudadanía hasta en países en los que no se profesan abiertas tendencias agresivas. Así el Estado se ha convertido en un ídolo moderno a cuyo poder de sugestión sólo pueden escapar algunos pocos hombres.

La educación para la guerra es un engaño, en efecto. El desarrollo tecnológico de los últimos años ha creado una situación militar por completo nueva. Se han inventado terribles armas, capaces de destruir en pocos segundos importantes masas de seres humanos y enormes áreas de territorio. Puesto que la ciencia no ha hallado todavía una protección adecuada, el Estado moderno ya no está en condiciones de brindar la seguridad necesaria a sus ciudadanos.

¿Cómo nos salvaremos, pues?

La humanidad sólo estará protegida del riesgo de una destrucción inimaginable y de una desenfrenada aniquilación si un organismo supranacional tiene el poder de producir y poseer esas armas. No puede pensarse, empero, que en los momentos actuales las naciones otorgarían dicho poder a un organismo supranacional, a menos que éste tuviera el derecho legal y el deber de resolver todos los conflictos que en el pasado han dado origen a la guerra. Las funciones de los estados individuales quedarán limitadas a sus problemas internos, en sus relaciones con los estados restantes sólo se ocuparán de proyectos y cuestiones que de ningún modo puedan conducir a provocar situaciones de peligro para la seguridad internacional.

Por desgracia no hay indicios de que los gobiernos hayan llegado a comprender que en las condiciones en que se encuentra la humanidad urge que se adopten las medidas revolucionarias ante tan apremiante necesidad. Nuestra situación no se puede comparar con ninguna otra del pasado. Por tanto resulta imposible aplicar métodos y medidas que en otro tiempo hubieran sido eficaces. Debemos revolucionar nuestro pensamiento, nuestras acciones y hemos de tener el valor de revolucionar las relaciones entre los países del mundo. Las soluciones de ayer carecen hoy de vigencia, y sin duda estarán fuera de lugar mañana.

Llevar esta convicción a todos los hombres del mundo es lo más importante y significativo que los intelectuales hayan tenido jamás que afrontar. ¿Tendrán el coraje indispensable para superar, hasta donde sea preciso, los resabios nacionalistas con el fin de inducir a los pueblos del mundo a cambiar sus arraigadas tradiciones de la manera más radical posible?

Es necesario realizar un supremo esfuerzo. Si ahora fracasamos la organización supranacional será erigida más adelante, pero entonces se levantará sobre las ruinas de una gran parte del mundo hoy existente.

Conservamos la esperanza de que la abolición de la actual anarquía internacional no deba pagarse con una catástrofe general, cuyas dimensiones quizá nadie pueda imaginar. El tiempo es inexorablemente breve.

Si deseamos hacer algo debe ser ahora.

(1948)

¿Por qué el socialismo?

¿Es aconsejable que una persona inexperta en temas económicos y sociales exprese sus puntos de vista acerca del socialismo? Por muchas razones creo que sí.

Para empezar, consideremos el problema desde el punto de vista del conocimiento científico. Parecería que no existieran diferencias metodológicas esenciales entre la astronomía y la economía: en ambos campos los científicos tratan de descubrir leyes de validez general por las que sea posible comprender las conexiones que existen dentro de un determinado grupo de fenómenos. Pero en realidad existen dichas diferencias. En el ámbito de la economía el descubrimiento de unas leyes generales está dificultado por el hecho de que los fenómenos se hallan con frecuencia bajo la influencia de variados factores que resulta complejo evaluar por separado. Por otra parte, la experiencia acumulada desde el comienzo del llamado período civilizado de la historia humana se ha visto impulsada y limitada —según se sabe— por causas que no pueden definirse como exclusivamente económicas en su naturaleza. Por ejemplo: la mayoría de los estados más importantes de la historia debieron su existencia a un proceso de conquista. Los pueblos conquistadores se constituyeron a sí mismos, de manera legal y económica, como una clase privilegiada dentro del país conquistado. Se apropiaron del monopolio de las tierras y establecieron un clero salido de sus filas. Los sacerdotes, dueños del control de la educación, lograron que la división de clases sociales se convirtiera en una institución permanente y crearon un sistema de valores que en adelante delimitó la conducta social del pueblo de modo casi inconsciente.

Pero la tradición histórica, data por cierto de ayer; en ningún momento hemos superado en verdad lo que Thorstein Veblen llama a la «fase depredadora» del desarrollo humano. Los hechos económicos observados pertenecen a esa fase y las leyes que podamos deducir de ellos son inaplicables a otras fases. Puesto que el verdadero objetivo del socialismo es, en efecto, superar y avanzar más allá de la fase depredadora del desarrollo humano, la ciencia de la economía, en su estado actual, poco puede decir sobre la sociedad socialista del futuro.

En segundo término el socialismo se encamina hacia un fin social y ético. La ciencia, por su parte, no puede crear fines y menos aún inculcarlos en los seres humanos. En última instancia la ciencia aporta los medios por los cuales se puede acceder a ciertos fines. Mas los fines en sí mismos son concebidos por personalidades poseedoras de ideales éticos superiores y —como estos fines no son endebles sino vitales— son adoptados y servidos por la masa de seres humanos que de modo semiinconsciente determinan la lenta evolución de la sociedad.

Debido a estas razones tendremos que guardarnos muy bien de conceder excesiva validez a la ciencia y a los métodos científicos cuando están en juego problemas humanos. Y no se ha de suponer que los expertos son los únicos que tienen derecho a expresar sus criterios sobre cuestiones que afectan a la organización de la comunidad.

No son pocas las voces que desde hace algún tiempo se levantan para expresar que la sociedad atraviesa una crisis, que su estabilidad está muy quebrantada. Una característica de esta situación es que los individuos se sienten indiferentes y aun hostiles ante el grupo al que pertenecen, por pequeño o grande que sea. Para ilustrar este concepto quiero recordar una experiencia personal. Hace algún tiempo discutía yo con un hombre inteligente y bien dispuesto sobre la amenaza de una nueva guerra, que en mi opinión pondría en serio peligro la existencia de la humanidad. Al respecto señalé que sólo una organización supranacional podría ofrecer una protección adecuada ante el peligro. Luego de escucharme, mi visitante, con toda calma y frialdad me dijo: «¿Por qué se opone usted con tanto empeño a la desaparición de la humanidad?» Tengo la certeza de que hace un siglo nadie hubiera formulado con tal ligereza una pregunta así. En ella va implícito el juicio de un hombre que ha luchado en vano para lograr un equilibrio dentro de sí mismo y, sin duda, casi que ha perdido toda esperanza de alcanzarlo.

Se trata de la expresión del duro aislamiento y soledad que acosan a mucha gente en estos tiempos. ¿Cuál es la causa? ¿Hay alguna vía de escape?

Es fácil plantear estas preguntas, pero muy difícil responderlas con alguna exactitud. Sin embargo, en la medida de mis posibilidades debo tratar de hacerlo, si bien soy consciente de que nuestros sentimientos y nuestra lucha son a menudo contradictorios y oscuros y que los mismos no pueden ser expresados mediante fórmulas sencillas y admisibles.

Al mismo tiempo, el hombre es una criatura solitaria y social.

Como ser solitario trata de proteger su propia existencia y la de aquellos que están muy cercanos a él; intenta satisfacer sus deseos personales y desarrollar sus habilidades innatas. Como ser social busca el reconocimiento y el afecto de sus congéneres, quiere compartir sus placeres, confortar a los demás en sus penurias y mejorar las condiciones de vida de los otros. Sólo la presencia de estos esfuerzos diversos, y a menudo contradictorios, da cuenta del carácter especial de un hombre, y la forma concreta de esos intentos determina el punto hasta el cual un individuo puede obtener su equilibrio interior y la medida en que será capaz de contribuir al bienestar de la comunidad. Es posible que la fuerza relativa de esos dos impulsos esté, en lo primordial, fijada por la herencia. Pero la personalidad que, en síntesis, ha de imponerse está formada, en su mayor parte, por el contorno en el que el hombre se ha encontrado en el momento de su desarrollo, por las estructuras de la sociedad en la que se desenvuelve, por las tradiciones de esa sociedad y por la valoración de tipos particulares de conducta. Para el ser humano individual, el concepto abstracto de «sociedad» significa la suma total de sus relaciones directas e indirectas con sus contemporáneos y con los integrantes de las generaciones anteriores. El individuo se halla en condiciones de pensar, sentir, luchar y trabajar por sí mismo; sin embargo, en su existencia física, intelectual y emocional depende tanto de la sociedad que resulta imposible pensar en él o comprenderlo fuera del marco de aquélla. La «sociedad» proporciona al hombre su comida, su vestido, un hogar, las herramientas de trabajo, el lenguaje, las formas de pensamiento y la mayor parte de los contenidos del pensamiento; la vida del hombre se realiza a través del trabajo y de los progresos de muchos millones de personas del pasado y del presente, ocultas tras la simple palabra «sociedad».

Entonces resulta claro que la dependencia del individuo frente a la sociedad es un hecho de la naturaleza que no puede ser aniquilado tal como en el caso de las hormigas y las abejas. Pero en tanto que todo el proceso vital de las hormigas y de las abejas se halla determinado hasta en sus menores detalles por rígidos instintos hereditarios, la estructura social y las interrelaciones de los seres humanos son muy variables y expuestas al cambio. La memoria, la capacidad de efectuar nuevas combinaciones, el poder de la comunicación oral han abierto entre los hombres, la posibilidad de ciertos desarrollos que no están dictados por las necesidades biológicas. Estos procesos se manifiestan a través de las tradiciones, las instituciones y las organizaciones, en la literatura, en la ciencia y en los éxitos de la ingeniería, en las obras de arte. Así se explica que, en cierto sentido, el hombre sea capaz de influir en su vida mediante su propia conducta y que desempeñen un papel importante en este desarrollo el pensamiento y el deseo conscientes.

En el instante de nacer, el hombre adquiere, a través de la herencia, una constitución biológica que podemos considerar fija e inalterable, en la que se incluyen los impulsos naturales que son característicos de la especie humana. Además, en el transcurso de su vida el hombre erige una constitución cultural que extrae de la sociedad mediante la comunicación y diversos otros tipos de influencia. En el correr del tiempo esta constitución cultural queda sujeta al cambio y determina, en amplia medida, la relación entre individuo y sociedad. Con la ayuda de la investigación comparativa de las llamadas culturas primitivas, la antropología moderna nos enseña que la conducta social de los seres humanos puede diferenciarse profundamente, según los esquemas culturales y los tipos de organización que predominen en la sociedad.

En esto han fijado sus esperanzas quienes luchan para mejorar el destino del hombre: los seres humanos no están condenados por su constitución biológica a aniquilarse entre sí ni ser presa de un hado cruel constituido por ellos mismos.

Si nos interrogamos cómo es posible cambiar la estructura de la sociedad y la actitud cultural del hombre de modo que la vida humana resulte altamente satisfactoria, tendremos que advertir en todo momento que existen ciertas condiciones que no podemos transformar.

Según hemos visto, la naturaleza biológica del hombre, en sentido práctico no está sujeta a cambio. Por otra parte los desarrollos tecnológicos y demográficos de los últimos siglos han creado condiciones que han de perdurar. En núcleos de población bastante densos, en los cuales los bienes de consumo son indispensables para una existencia continuada, resulta por completo necesaria una total división del trabajo y un aparato productivo centralizado al extremo. Si bien al mirar hacia atrás parece tan idílico, ha desaparecido para siempre el tiempo en el que los individuos o unos grupos pequeños podían aspirar al autoabastecimiento.

Apenas se exagera si se dice que la humanidad constituye hoy una comunidad planetaria de producción y consumo.

En este lugar de mi exposición debo señalar, de manera breve, lo que para mí constituye la esencia de la crisis de nuestro tiempo. La cuestión reside en la relación entre el individuo y la sociedad. El individuo ha tomado conciencia, ahora más que nunca de su situación de dependencia ante la sociedad. Mas no considera que esa dependencia sea un hecho positivo, un nexo orgánico, una fuerza protectora, sino que la advierte como una amenaza a sus derechos naturales y a su existencia económica. Por otra parte, su posición dentro de la comunidad permite que sus impulsos egoístas se acentúen de modo constante, en tanto que sus impulsos sociales —que por naturaleza son más débiles— se deterioren progresivamente. Sea la que fuere su posición en la sociedad, todos los seres humanos sufren este proceso de deterioro. Prisioneros de su propio egoísmo sin saberlo, se sienten inseguros, solitarios y despojados del goce ingenuo, simple y directo de la vida.

El hombre tiene que encontrar el sendero de la vida —por estrecho y peligroso que sea— sólo a través de la entrega de sí mismo a la sociedad.

La anarquía económica de la sociedad capitalista, según existe hoy, es, en mi opinión, la verdadera fuente de todos los males. Observamos cómo se levanta ante nosotros una inmensa comunidad de productores, cuyos miembros luchan sin cesar para despojarse unos a otros de los frutos   del trabajo colectivo, no ya mediante la fuerza, sino con el apoyo total de normas legalmente establecidas. En este plano es indispensable comprender que los medios de producción, es decir, toda la capacidad productiva que se necesita para producir tanto bienes de consumo como bienes de inversión, pueden ser, en forma legal —y de hecho en su mayoría lo son— propiedad privada de ciertos individuos.

En razón de la simplicidad, en la exposición que sigue emplearé el vocablo «trabajador» para designar a quienes no comparten la propiedad de los medios de producción, aunque ello no corresponda al uso habitual del término. El propietario de los medios de producción está en condiciones de comprar la capacidad laboral del trabajador. A través del uso de los medios de producción el trabajador produce nuevos bienes que se convierten en propiedad del capitalista. El punto esencial de este proceso es la relación existente entre lo que el trabajador produce y lo que recibe como paga, ambos elementos medidos en términos de su valor real. Puesto que el contrato laboral es «libre», lo que el trabajador recibe está determinado no por el valor real de los bienes que produce, sino por sus necesidades mínimas y por la cantidad de mano de obra solicitada por el sistema en relación con el número de trabajadores que compiten por un empleo. Es importante comprender que, aun en teoría, la paga del trabajador no está determinada por el valor real de su producto.

El capital privado tiende a concentrarse en pocas manos, en parte a causa de la competencia entre los capitalistas y en parte debido al desarrollo tecnológico y a la creciente división de la clase obrera, hechos que determinan la formación de unidades mayores de producción, en detrimento de las unidades menores. El resultado es una oligarquía del capital privado, cuyo enorme poder no puede ser controlado con eficacia ni siquiera por una sociedad política organizada de acuerdo con los principios democráticos. Sucede así porque los miembros de los cuerpos legislativos son seleccionados por los partidos políticos, que reciben fuertes influencias y sustanciosa financiación de los capitales privados que en la práctica separan al electorado de la legislatura.

Resulta entonces que los representantes del pueblo no protegen con justicia y en la medida necesaria los intereses de los sectores menos privilegiados de la población. En las circunstancias actuales, además, los capitales privados controlan, de manera directa o indirecta, las principales fuentes de información (prensa, radio, educación). Resulta entonces difícil y en la mayoría de los casos casi imposible, que el ciudadano llegue a conclusiones objetivas y pueda realizar un uso inteligente de sus derechos políticos.

La situación predominante en una economía basada en la propiedad privada del capital se caracteriza por dos principios fundamentales: primero, los medios de producción —el capital— son propiedad privada y sus propietarios disponen de ellos según lo crean conveniente; segundo, el contrato laboral es libre. Por supuesto que no existe una sociedad capitalista pura, en este sentido. En particular observemos que los trabajadores, a través de largas y duras luchas políticas han conseguido ciertas ventajas en el «contrato laboral libre» para ciertas categorías de trabajadores. Pero estimada en su conjunto la economía del presente no se distingue que mucho del capitalismo «puro».

El fin de la producción es el beneficio, no su consumo. No se tiene en cuenta que a todos aquellos que sean capaces de trabajar y quieran hacerlo se les ofrezca la posibilidad de conseguir un empleo; siempre existe, por lo general, un «ejército de parados». El trabajador se ve acosado por el temor constante de perder su puesto. Debido a que los trabajadores sin trabajo y mal pagados no proporcionan un mercado lucrativo, la producción de bienes de consumo se reduce con sus graves consecuencias. A menudo el progreso tecnológico desencadena una mayor cantidad de parados, en vez de aliviar la carga para todos.

El interés por el lucro, junto con la competencia entre los capitalistas, es responsable de la inestabilidad del ritmo de acumulación y utilización del capital, que conduce a severas y crecientes depresiones.

La competencia ilimitada provoca el derroche de trabajo y la amputación de la conciencia social de los individuos, fenómeno del que ya he hablado antes.

Pienso que el peor daño que ocasiona el capitalismo es el desmedro del hombre. Todo nuestro sistema educativo se ve perjudicado por esta mácula. Se inculca en los estudiantes una actitud competitiva exagerada; se los adiestra en el culto del éxito adquisitivo como preparación para su futura carrera.

Tengo la convicción de que existe un único camino para eliminar estos graves males, que pasa por la adopción de una economía socialista, acompañada por un sistema educativo que esté orientado hacia objetivos sociales. En ese sistema económico, los medios de producción serán propiedad del grupo social y se utilizarán según un plan.

Una economía planificada que regule la producción de acuerdo con las necesidades de la comunidad, distribuirá el trabajo que deba realizarse entre todos aquellos capaces de ejecutarlo y garantizará la subsistencia a todo ser humano. La educación de los individuos, además de promover sus propias habilidades innatas, tratará de desarrollar en ellos un sentido de responsabilidad ante su prójimo, en vez de exaltar el valor del poder y del éxito, como ocurre en la sociedad actual.

Por supuesto hay que subrayar que una economía planificada no es todavía el socialismo. La economía planificada podría hallarse unida a la esclavización completa de la persona. La realización del socialismo exige resolver problemas sociopolíticos de gran dificultad. En efecto, si consideramos la centralización fundamental del poder político y económico, ¿cómo se logrará impedir que la burocracia se convierta en una entidad omnipotente y arrogante? ¿Cómo es posible proteger los derechos del individuo para asegurar así un contrapeso democrático que equilibre el poder de la burocracia?

(1949)

La seguridad nacional

Le agradezco, señora Roosevelt, la oportunidad que me brinda para expresar mis convicciones sobre este importantísimo problema político.

La idea de obtener la seguridad del país a base del armamento, en el actual estado de la técnica militar, es una ilusión desastrosa. Por parte de los Estados Unidos esta ilusión se ha exagerado todavía más porque esta nación fue la primera en producir la bomba atómica, y así se impuso la creencia de que era posible obtener una decisiva superioridad militar y con ello intimidar a cualquier enemigo potencial y conseguir la seguridad que tanto deseamos. El axioma que hemos seguido durante estos últimos cinco años ha sido: seguridad a través de la seguridad militar sea cuál fuere el costo.

Esta actitud psicológica tiene inevitables consecuencias. Cada una de las decisiones en el ámbito de la política exterior se halla dirigido por un punto de vista: ¿Cómo debemos actuar para obtener la máxima superioridad sobre nuestros enemigos, en el caso de una guerra? Se trata de establecer bases militares en todos los lugares estratégicos de la Tierra, armar y desarrollar el poder económico de los aliados potenciales.

Dentro del país hay que concentrar un enorme poder financiero en manos de los militares, militarizar a la juventud, supervisar estrictamente la lealtad de los ciudadanos y en particular de los funcionarios mediante una fuerza policial más eficaz cada día; además, intimidar a los que sostienen un pensamiento político independiente, adoctrinar con sutileza al público a través de la radio, la prensa y la escuela. Aumentar también las restricciones en el terreno de la información pública, bajo la presión del secreto militar.

La carrera armamentista entre los Estados Unidos y la Unión Soviética, primero de carácter preventivo, adquiere contornos de histeria.

Ambas partes se han lanzado, con el mayor secreto, al perfeccionamiento de los medios masivos de destrucción acuciados por una prisa febril. En el horizonte ha surgido la bomba de hidrógeno como un objetivo alcanzable. Su acelerado desarrollo fue proclamado de manera solemne por el primer mandatario. Si se logra este propósito, el envenenamiento radioactivo de la atmósfera y la consiguiente destrucción de todo rastro de vida sobre la Tierra estará a nuestro alcance. El aspecto fantasmal de este desarrollo se manifiesta en su curso compulsivo.

Cada paso parece ser la inevitable consecuencia del precedente. En suma, cada vez con más claridad, nos aguarda la aniquilación total.

¿Existe un camino para salir de este atolladero creado por el propio hombre? Todos nosotros, y en particular los que son responsables de la actitud de los Estados Unidos y de la Unión Soviética, debemos comprender que tal vez hayamos vencido a un enemigo exterior, si bien somos incapaces de desprendernos de la mentalidad surgida de la guerra. Es imposible conseguir la paz si cada uno de nuestros actos se ejecuta con la mirada puesta en un conflicto bélico futuro. Toda acción política debería regirse según esta pregunta: ¿Qué podemos hacer en favor de una coexistencia pacífica y también de una cooperación leal entre las naciones? El primer problema es eliminar los miedos y la desconfianza. Habrá que formular una solemne renuncia a la violencia (no sólo a los medios de destrucción masiva). Esta renuncia, empero, sólo será útil si a la vez un organismo supranacional, judicial y ejecutivo se constituye y se inviste del poder de decidir en problemas que conciernen a la seguridad de las naciones. Pensamos que una declaración en que las naciones se comprometan a colaborar con lealtad en la realización de un «gobierno mundial restringido» podría reducir en gran medida el riesgo de guerra.

En síntesis, toda clase de cooperación pacífica entre los hombres está basada, en principio, en la mutua confianza y sólo en segundo lugar en instituciones tales como los tribunales de justicia y la policía.

Esto vale para las naciones y los individuos. Y el fundamento de la confianza es la lealtad.

¿Qué pasa con el control internacional? Puede resultar útil de manera complementaria. Sin embargo, sería prudente no estimar en exceso su importancia. El ejemplo de la ley seca debería servirnos de reflexión.

(1950)

La búsqueda de la paz

A fin de captar el sentido pleno de la Declaración Universal de los Derechos del Hombre es necesario conocer a fondo la situación mundial que dio origen a las Naciones Unidas y a la UNESCO. La devastación provocada por las guerras en estos últimos cincuenta años ha permitido que todo el mundo comprendiera que con el actual nivel tecnológico la seguridad de las naciones sólo puede fundarse en instituciones supranacionales y en estrictas normas de conducta. Se acepta ya que a largo plazo una conflagración mundial sólo puede evitarse si se instituye una federación mundial de naciones.

De este modo, como modesto comienzo del orden internacional, se fundaron las Naciones Unidas. Empero, esta institución no es más que el lugar en que se reúnen los delegados de los gobiernos y no los representantes de los pueblos, que actúan con independencia, sobre la base de sus propias convicciones. Además, las decisiones de las Naciones Unidas carecen de fuerza ejecutiva para ningún gobierno nacional, ni hay medios concretos por los cuales se pueda exigir el cumplimiento de una decisión.

La eficacia de las Naciones Unidas se ve más reducida aún porque se ha negado la participación a ciertas naciones; excluirlas afecta de manera negativa el carácter mundial de ese organismo. Sin embargo; considerado en sí mismo el hecho de que se planteen y discutan abiertamente los problemas internacionales favorece la solución pacífica de los conflictos. La existencia de un foro supranacional de discusión sirve para que los pueblos se acostumbren de modo gradual a la idea de que los intereses nacionales deben ser defendidos a través de las negociaciones pertinentes y no por la fuerza bruta.

Creo que la característica más valiosa de las Naciones Unidas es este efecto psicológico o educativo. Una federación mundial supone una nueva clase de lealtad por parte del hombre, un sentido de la responsabilidad que no se desvanece en las fronteras nacionales. Para alcanzar su verdadero significado esa lealtad tendrá que abarcar algo más que objetivos políticos. Será necesario agregar la comprensión entre los distintos grupos culturales, la ayuda mutua económica y cultural.

Sólo un esfuerzo en este respecto originará un sentimiento de confianza estable, hoy perdida a causa de los efectos psicológicos de la guerra y deteriorada por la débil filosofía del militarismo y de la política de las grandes potencias. Sin comprensión y sin cierta dosis de confianza recíproca ninguna institución que vele por la seguridad colectiva de las naciones promoverá la simpatía general.

A las Naciones Unidas se agregó la UNESCO, organismo cuya misión es trabajar en favor de las tareas culturales. La UNESCO ha tenido la capacidad necesaria para evitar la influencia paralizadora de la política de las grandes potencias, por lo menos en grado mucho mayor que las Naciones Unidas. Sólo pueden establecerse relaciones internacionales sólidas entre pueblos formados por personas cabales que gocen de cierta independencia; sobre la base de esta convicción, las Naciones Unidas han elaborado una Declaración Universal de los Derechos del Hombre que fue adoptada por la Asamblea General el 10 de diciembre de 1948.

La Declaración estipula una serie de principios fundamentales y universales que tienden a asegurar la protección del individuo, evitar la explotación económica del hombre y salvaguardar el libre desarrollo de sus actividades dentro de la comunidad.

Divulgar estos principios entre los estados miembros de las Naciones Unidas se considera un objetivo de gran importancia. De modo que la UNESCO dedica este tercer aniversario a formular una amplia llamada para establecer que estas aspiraciones éticas sean una base sobre la cual ha de restaurarse el equilibrio político de los pueblos.

No se podía evitar que la Declaración se redactase en la forma de un documento legal, que por su rigidez se expone a discusiones interminables.

No es posible que un texto de esa índole abarque la gran diversidad de condiciones de vida en los diversos países miembros de la organización; por otra parte es inevitable que este tipo de declaración admita muy distintas interpretaciones de detalle. La tendencia general de la Declaración, no obstante es inequívoca y proporciona una base adecuada y aceptable para el juicio y la acción.

Admitir de manera formal ciertos principios y adoptarlos como líneas de acción, a pesar de todas las adversidades de una situación cambiante, son dos cosas distintas, tal como cualquier observador imparcial puede comprobarlo a través de la historia de las instituciones religiosas. La Declaración, entonces, ejercerá una verdadera influencia sólo y exclusivamente cuando las Naciones Unidas demuestren con sus decisiones y sus hechos que encarnan de facto el espíritu de este documento.

(1951)

La abolición de la amenaza de guerra

Mi participación en el proceso que culminó en la producción de la bomba atómica se redujo a una sola acción: firmé una carta dirigida al presidente Roosevelt en la que pedía que se realizaran experimentos en gran escala para explorar las posibilidades de producir una bomba atómica.

He sido siempre consciente del peligro tremendo que representaba para la humanidad un éxito en ese campo. Sin embargo, la posibilidad de que los alemanes estuvieran trabajando en el mismo problema, con fuertes perspectivas de resolverlo, me forzó a dar ese paso. No tenía otra alternativa, a pesar de que he sido siempre un pacifista convencido.

Según mi criterio, matar en guerra equivale a cometer un asesinato común.

En tanto que las naciones no se resuelvan a eliminar la guerra mediante una acción común y no intenten solucionar sus conflictos y proteger sus intereses con decisiones pacíficas que posean una base legal, se sentirán impulsadas a prepararse para la guerra. Se verán obligadas a prepararse con todos los medios posibles, aun los más detestables, para no quedar atrás en la carrera armamentista general.

Este camino conduce, en efecto, a la guerra, una guerra que en las actuales circunstancias significa la destrucción total.

En estas condiciones la lucha contra los medios no tiene posibilidad de alcanzar el éxito. Sólo la eliminación radical de la guerra y de la amenaza de guerra puede servir para algo. Éste debe ser nuestro objetivo.

Cada persona debe estar resuelta a no permitir que los hechos la fuercen a ejecutar acciones que vayan en contra de este fin. Se trata de una exigencia severa para quien tenga conciencia de su situación de dependencia ante la sociedad. Mas no representa un imposible.

Gandhi, el mayor genio político de nuestro tiempo, nos ha indicado el camino, y nos ha demostrado que el pueblo es capaz de grandes sacrificios una vez entrevista la vía correcta. El trabajo que este hombre ha realizado por la liberación de la India es un testimonio viviente de que la voluntad gobernada por una firme convicción es más fuerte que el poder material, que aparenta ser invencible.

(1952)

Síntomas de declinación cultural

El intercambio de ideas y conclusiones científicas, libre y amplio, es indispensable para el adecuado desarrollo de la ciencia, tal como sucede en todas las esferas de la vida cultural. Según mi opinión no cabe duda de que la intervención de las autoridades políticas de este país en el libre intercambio de conocimientos entre individuos ya ha tenido efectos bastante dañinos. En primer término, el daño se manifiesta en el ámbito del trabajo científico, y después de cierto período aparece en la tecnología y en la producción industrial.

La intromisión de las autoridades políticas en la vida científica de nuestro país es evidente en la obstrucción de los viajes de los científicos y los investigadores americanos hacia el extranjero y del acceso de científicos de otras naciones. Esta conducta mezquina por parte de un país poderoso no es más que un síntoma periférico de una dolencia que tiene raíces más profundas.

La interferencia en la libertad de comunicarse por escrito o en forma oral los resultados científicos, la generalizada actitud de desconfianza política que está sostenida por una inmensa organización policial, la timidez y la ansiedad que las personas evidencian para evitar todo aquello que pueda ser motivo de sospecha y que amenace su posición económica, todo esto no son sino síntomas, si bien revelan con claridad el carácter alarmante de la enfermedad.

Empero, a mi parecer, el verdadero mal yace en la actitud que ha creado la segunda guerra mundial y que domina todas nuestras acciones.

En particular la creencia de que en tiempos de paz debemos organizar nuestra vida y nuestro trabajo de manera que, en caso de guerra, podamos estar seguros de la victoria. Esta actitud supone la creencia de que la libertad y hasta la existencia de cada persona están amenazadas por poderosos enemigos.

Esta actitud explica todos los desagradables hechos que antes he denominado síntomas. Si esta actitud no se rectifica, dichos síntomas conducirán a una guerra y a una destrucción de vasto alcance. Esta situación se expresa en el presupuesto de los Estados Unidos.

Sólo si superamos esta obsesión podremos conceder una atención correcta al problema político, que se resume en la siguiente pregunta:

¿Cómo es posible ayudar a conseguir una vida más segura y más tolerable en esta Tierra ya tan degradada?

No lograremos erradicar los síntomas que hemos mencionado, y muchos otros, si no superamos la enfermedad más profunda que padecemos.

FIN

ALBERT EINSTEIN, (Ulm, Alemania, 14 de marzo de 1879 - Princeton, Estados Unidos, 18 de abril de 1955) fue un físico de origen alemán, nacionalizado suizo y estadounidense. Está considerado como el científico más importante del siglo XX.

En 1905, cuando era un joven físico desconocido, empleado en la Oficina de Patentes de Berna, publicó su teoría de la relatividad especial. En ella incorporó, en un marco teórico simple, fundamentado en postulados físicos sencillos, conceptos y fenómenos estudiados antes por Henri Poincaré y por Hendrik Lorentz. Como una consecuencia lógica de esta teoría, dedujo la ecuación de la física más conocida a nivel popular: la equivalencia masa-energía, $E=mc^2$. Ese año publicó otros trabajos que sentarían bases para la física estadística y la mecánica cuántica.

En 1915 presentó la teoría de la relatividad general, en la que reformuló por completo el concepto de gravedad. Una de las consecuencias fue el surgimiento del estudio científico del origen y evolución del Universo por la rama de la física denominada cosmología. En 1919, cuando las observaciones británicas de un eclipse solar confirmaron sus predicciones acerca de la curvatura de la luz, fue idolatrado por la prensa. Einstein se convirtió en un icono popular de la ciencia mundialmente famoso, un privilegio al alcance de muy pocos científicos.

Por sus explicaciones sobre el efecto fotoeléctrico y sus numerosas contribuciones a la física teórica, en 1921 obtuvo el Premio Nobel de Física y no por *La Teoría de la Relatividad*, pues el científico a quien se encomendó la tarea de evaluarla, no la entendió, y temieron correr el riesgo de que luego se demostrase errónea. En esa época era aún considerada un tanto controvertida.

Ante el ascenso del nazismo, hacia diciembre de 1932, el científico abandonó Alemania con destino a Estados Unidos, donde impartió docencia en el Instituto de Estudios Avanzados de Princeton. Se nacionalizó estadounidense en 1940. Durante sus últimos años trabajó por integrar en una misma teoría la fuerza gravitatoria y la electromagnética. Murió en Princeton, Nueva Jersey, el 18 de abril de 1955.

Aunque es considerado por algunos como el «padre de la bomba atómica», abogó en sus escritos por el pacifismo, el socialismo y el sionismo. Fue proclamado como el «personaje del siglo XX» y el más preeminente científico por la revista Time.

Made in United States
Orlando, FL
27 January 2025